3000 Spanish Words in Context

Most Common Spanish Words for Learners

Timothy Aberdier

Contents

Pronunciation

a [ah]
además [ah-deh-MAS] (besides)

b [beh]
beber [beh-BER] (to drink)
estaba [es-TAH-bah] (was)

c [seh]
calor [kah-LOR] (heat)
correcto [koh-RREK-toh] (correct)
oscuro [os-KOO-roh] (dark)
cerca [SER-kah] (close)
hacer [ah-SER] (to do)
ciudad [sew-DAD] (city)
gracias [GRAH-see-as] (thanks)
acción [ak-see-ON] (action)
chica [CHEE-kah] (girl)
hecho [EH-choh] (fact)

d [deh]
día [DEE-ah] (day)
dentro [DEN-troh] (inside)
dónde [DON-de] (where)
verdad [ber-DAD] (truth)

e [eh]
este [ES-te] (this)
pensé [pen-SEH] (I thought)

f [EH-feh]
fácil [FAH-seel] (easy)

g [heh]
tengo [TEN-goh] (I have)
gustar [goos-TAR] (to like)
gigante [hee-GAN-te] (giant)
gente [HEN-te] (people)
proteger [pro-te-HER] (to protect)
juguete [hoo-GEH-te] (toy)
seguir [seg-EER] (to follow)

h [AH-che]
hombre [OM-bre] (man)
helado [eh-LAH-doh] (ice cream)
ahora [ah-OH-rah] (now)

i [ee]
increíble [een-kre-EEB-le] (incredible)
tiempo [TEEAM-poh] (time)

j [HOH-tah]
juntos [HOON-tos] (together)
trabajo [trah-BAH-hoh] (work)
caja [KAH-hah] (box)
mujer [moo-HER] (woman)

k [kah]
kilos [KEE-los] (kilos)

l [EH-leh]
luz [lews] (light)
algún [al-GOON] (some)
útil [OO-teel] (useful)
ella [EH-yah/jah] (she)
silla [SEE-yah/jah] (chair)
llamar [yah/jah-MAR] (to call)
llave [YAH/JAH-beh] (key)

m [EH-meh]
mundo [MOON-doh] (world)

n [EH-neh]
nuevo [NWE-boh] (new)

ñ [EH-nya]
año [AH-nyo] (year)
mañana [mah-NYA-nah]
(morning)
España [es-PAH-nya] (Spain)

o [oh]
Colombia [koh-LOM-bia]
(Colombia)

p [peh]
palabra [pah-LAB-rah] (word)

q [koo]
que [keh] (that)
quiero [KEEA-roh] (I want)
aquí [ah-KEE] (here)
quizás [kee-SAS] (maybe)

r [EH-rreh]
rápido [RRAH-pee-doh] (fast)
reír [rreh-EER] (to laugh)
hermoso [er-MOH-soh]
(beautiful)
primero [pree-MEH-roh] (first)
sonrisa [son-RREE-sah] (smile)
carrera [kah-RREH-rah] (career)
arriba [ah-RREE-bah] (above)

s [EH-seh]
pensar [pen-SAR] (to think)
usar [oo-SAR] (to use)
cosas [KOH-sas] (things)
mismo [MEEZ-moh] (same)
desde [DEZ-de] (since)

t [teh]
todo [TOH-doh] (everything)
sentir [sen-TEER] (to feel)
situación [see-too-as-YON]
(situation)

u [oo]
uno [OO-noh] (one)
lugar [lew-GAR] (place)
bueno [BWE-noh] (good)
cuando [KWAN-doh] (when)
cualquier [kwal-KEEAR] (any)
queso [KEH-soh] (cheese)
vergüenza [ber-GWEN-sah]
(shame)

v [OO-beh]
vamos [BAH-mos] (let's go)
vez [bes] (time)
vivir [bee-BEER] (to live)
volver [bol-BER] (to return)
vampiro [bam-PEE-roh]
(vampire)
invitar [een-bee-TAR] (to invite)

w [dob-leh-OO / OO-beh
DOB-leh]
show [sow] (show)

x [EH-kees]
próximo [PROK-see-moh] (next)
explicar [eks-plee-KAR] (to
explain)
excelente [eks-seh-LEN-te]
(excellent)
exactamente [ek-SAK-tah-men-
te] (exactly)
existe [ek-SEES-te] (exists)
taxi [TAK-see] (taxi)
México [ME-hee-koh] (Mexico)

y [ee-GREH-gah]
yo [yoh/joh] (I)
playa [PLAH-yah] (beach)
hoy [oi] (today)
y [ee] (and)

z [SEH-tah]
zapato [sah-PAH-toh] (shoe)
razón [rrah-SON] (reason)
feliz [fe-LEES] (happy)

Part 1:
1000 words

Nouns 1-500

1) la vez - time
No es mi primera vez. *It's not my first time.*
Llamé varias veces. *I called several times.*
A veces ocurre. *Sometimes it happens.*

2) la cosa - thing
¿Qué es esta cosa? *What is this thing?*
Cualquier cosa que necesites. *Anything you need.*

3) la casa - house, home
Llegué a casa muy tarde. *I got home very late.*
Vivo cerca de tu casa. *I live near your house.*

4) el tiempo - time, weather
No tengo tiempo. *I have no time.*
Al mismo tiempo. *At the same time.*
¿Cuánto tiempo tardará? *How long will it take?*

5) el día - day
¡Buenos días! *Good morning!*
Que tengas un buen día. *Have a nice day.*
Lo veo todos los días. *I see him every day.*

6) la verdad - truth
Dime la verdad. *Tell me the truth.*
Lo sabes, ¿verdad? *You know that, right?*
¿De verdad? *Really?*

7) el hombre - man
He trabajado con este hombre. *I've worked with this man.*

8) el año - year
¿Cuántos años tienes? *How old are you?*

Hace muchos años. *Many years ago.*

9) la vida - life
Hemos empezado una nueva vida. *We have started a new life.*

10) la noche - night
¡Buenas noches! *Good evening!*
¿Qué haces esta noche? *What are you doing tonight?*

11) el amigo - friend
Quiero ver a mis amigos. *I want to see my friends.*

12) el Dios - God
Dios mío, ¿ella está bien? *My God, is she okay?*

13) la mano - hand
Déjame ver tus manos. *Let me see your hands.*

14) el padre - father, parents (pl.)
Quiero ser un padre. *I want to be a father.*
A mis padres les va a encantar esto. *My parents will love this.*

15) el favor - favor
Por favor siéntate. *Please sit down.*
¿Me puedes hacer un favor? *Can you do me a favor?*

16) el momento - moment
Puede pasar en cualquier momento. *It can happen at any time.*

17) la mujer - woman, wife
Es una mujer hermosa. *She's a beautiful woman.*
Mi mujer está justo ahí. *My wife is right there.*

18) el trabajo - work, job
Tenemos mucho trabajo. *We have a lot of work.*
No puedo conseguir un trabajo. *I can't get a job.*

19) el acuerdo - agreement
Estoy de acuerdo en eso. *I agree with that.*
Tengo que irme, ¿de acuerdo? *I have to go, okay?*

20) la hora - hour
Unas pocas horas después. *A few hours later.*
¿Qué hora es? *What time is it?*

21) la gente - people
Hay mucha gente en las calles. *There are many people on the streets.*

22) la madre - mother
Mi madre siempre decía eso. *My mother always said that.*

23) el tipo - kind, type, guy
¿Qué tipo de trabajo haces tú? *What kind of work do you do?*
¿Quién es este tipo? *Who is this guy?*

24) la persona - person, people (pl.)
Es buena persona. *He is a good person.*
Conozco todo tipo de personas. *I know all kinds of people.*

25) el hijo - son, children (pl.)
Esta mañana hablé con mi hijo. *I talked to my son this morning.*
Estos son mis hijos. *These are my kids.*

26) el ojo - eye
Cierra los ojos. *Close your eyes.*

27) la parte - part
Son parte de tu vida. *They are part of your life.*
No voy a ir a ninguna parte. *I'm not going anywhere.*

28) la cabeza - head
Me duele la cabeza. *My head hurts.*

29) el chico - boy, guy
Cuando yo era chico. *When I was a boy.*
¿Qué estáis haciendo, chicos? *What are you guys doing?*

30) el problema - problem
Eso nunca ha sido un problema. *It's never been a problem.*

31) el lugar - place
Este lugar me espanta. *This place scares me.*
¿Vas a algún lugar? *You going somewhere?*
No voy a ningún lugar. *I'm not going anywhere.*

32) el mundo - world
Una gira alrededor del mundo. *A tour around the world.*
Todo el mundo lo conoce. *Everyone knows him.*

33) la puerta - door
Abre la puerta. *Open the door.*
¿Cerraste la puerta? *Did you close the door?*

34) el señor - sir, lord
Aquí está la botella, señor. *Here's the bottle, sir.*

35) la chica - girl
A las chicas les gusta eso. *Girls like that.*

36) la cuenta - account, bill
Lo tendré en cuenta. *I'll keep that in mind.*
Estás por tu cuenta. *You're on your own.*
No me di cuenta de eso. *I didn't realize that.*

37) la idea - idea
No tengo ni idea. *I have no idea.*

38) el lado - side
Ella se sentará a tu lado. *She will sit by your side.*

39) la mamá - mom
Lo siento mucho, mamá. *I'm very sorry, mom.*

40) el niño - child, kid
No quiere que vea a los niños. *She doesn't want me to see the kids.*

41) la semana - week
Me mudé aquí hace tres semanas. *I moved here three weeks ago.*

42) el nombre - name
¿Cuál es tu nombre? *What is your name?*

43) el dinero - money
¿De dónde sacaste el dinero? *Where did you get the money?*

44) la forma - shape, way
Hay otras formas de averiguarlo. *There are other ways to find out.*

45) la razón - reason
Tienes razón. *You're right.*
Por la misma razón que tú. *For the same reason as you.*

46) la tarde - afternoon, evening
Buenas tardes a todos. *Good afternoon everyone.*
Te veremos esta tarde. *We'll see you this afternoon.*

47) el pasado - past
Todo eso está en el pasado. *That's all in the past.*

48) el papá - dad
Los niños necesitan un papá. *Kids need a dad.*

49) la cara - face
Justo delante de su cara. *Right in front of his face.*

50) el caso - case
En ese caso, estaré en casa. *In that case, I'll be at home.*

51) la familia - family
Me encanta pasar tiempo con la familia. *I love spending time with family.*

52) la palabra - word
No creo una palabra de lo dices. *I don't believe a word you say.*

53) la pregunta - question
¿Puedo hacerle una pregunta? *Can I ask you a question?*

54) la voz - voice
Poco después escuché dos voces. *Shortly after I heard two voices.*

55) el punto - point, dot
Ese no es el punto. *That's not the point.*
El tren está a punto de llegar. *The train is about to arrive.*

56) la manera - way, manner
¡De ninguna manera! *No way!*
De alguna manera, era mi culpa. *Somehow, it was my fault.*

57) el cuerpo - body
Tu mente controla tu cuerpo. *Your mind controls your body.*

58) la policía - police, policeman
Hemos hablado con la policía. *We've talked to the police.*

59) el fin - end
¿Eso era este fin de semana? *That was this weekend?*

60) el amor - love
¿Crees en el amor a primera vista? *You believe in love at first sight?*

61) el coche - car (Spa, Mex)
¿Cuándo te has comprado un coche? *When did you buy a car?*

62) el carro / el auto - car (L.Am/Arg)
Puedes comprarte un carro nuevo. *You can buy a new car.*
¿Puedes detener el auto? *Can you stop the car?*

63) el hermano - brother
Estaba visitando a mi hermano. *I was visiting my brother.*

64) la mañana - morning
Nos conocimos esta mañana. *We met this morning.*

65) la historia - story, history
¿Me dejas terminar la historia? *Will you let me finish the story?*

66) el camino - path
Me pondré fuera de tu camino. *I'll get out of your way.*

67) el cariño - affection, darling
¿Cómo te sientes, cariño? *How do you feel, honey?*

68) el pie - foot
Ella puso los pies en el suelo. *She put her feet on the ground.*

69) el mes - month
Al menos por unos meses. *At least for a few months.*

70) la realidad - reality
Bueno, en realidad no lo es. *Well, really, it isn't.*

71) la luz - light
Deja las luces encendidas. *Leave the lights on.*

72) la habitación - room
No puede ir a la habitación. *You can't go to the room.*

73) el agua (f) - water
¿Cómo está el agua? *How's the water?*
Las aguas oscuras. *The dark waters.*

74) la señora - lady
¿Se encuentra bien, señora? *Are you all right, lady?*

75) la vuelta - turn, stroll, ride
¿Puedes darte la vuelta? *Could you turn around?*
Estás de vuelta. *You're back.*
Vamos a dar una vuelta. *Let's go for a walk/ride.*

76) la cama - bed
Ya deberías estar en la cama. *You should be in bed already.*

77) el corazón - heart
Mi corazón se acelera cuando te veo. *My heart races when I see you.*

78) el libro - book
Si te gusta este libro, escribe una reseña en Amazon. *If you like this book, write a review on Amazon.*

79) el brazo - arm
Un amigo con los brazos abiertos. *A friend with open arms.*

80) el teléfono - phone
¿Podría darme su teléfono? *Could you give me your phone?*

81) el paso - step
Los pasos no son difíciles. *The steps are not difficult.*

82) el modo - way, mode
Tal vez debería ponerlo de este modo. *Maybe I should put it this way.*

83) el miedo - fear
¿De qué tienes miedo? *What are you afraid of?*

84) el par - pair
En el último par de meses. *In the last couple of months.*

85) el medio - middle, half, means (pl.)
En medio de la noche. *In the middle of the night.*
Tengo media hora. *I have half an hour.*
Tenía los medios. *He had the means.*

86) la boca - mouth
Tengo comida en la boca. *I have food in my mouth.*

87) el segundo - second
Vuelvo en un segundo. *I'll be back in a second.*

88) la ayuda - help
¿Necesitas ayuda? *You need help?*
Gracias por la ayuda. *Thanks for the help.*

89) la muerte - death
Creo en la vida después de la muerte. *I believe in life after death.*

90) la sangre - blood
Están buscando sangre fresca. *They're looking for fresh blood.*

91) la fiesta - party
¿Cómo fue la fiesta? *How was the party?*

92) el tío - uncle; guy (Spa)
Espero que su tío esté bien. *I hope your uncle is well.*

93) la clase - kind, class
¿Qué clase de experiencia tiene? *What kind of experience do you have?*

94) la mesa - table
Las llaves están sobre la mesa. *The keys are on the table.*

95) la hija - daughter
No sabía que tenía una hija. *I didn't know he had a daughter.*

96) el número - number
¿A quién le has dado el número? *Who'd you give the number to?*

97) la ciudad - city, town
Hemos buscado por toda la ciudad. *We've searched all over the city.*

98) la mirada - look
Tienes la misma mirada culpable. *You have that same guilty look.*

99) el juego - game
Vamos a jugar un juego. *Let's play a game.*

100) la hermana - sister
Tu hermana ha venido a verte. *Your sister has come to see you.*

101) el arma (f) - weapon
Suelta el arma. *Drop your weapon.*
Las armas al suelo. *Your weapons on the floor.*

102) el dedo - finger
¿Sobre ese anillo en tu dedo? *About that ring on your finger?*

103) la suerte - luck
Tengo mucha suerte de tenerlo. *I'm very lucky to have it.*

104) la fuerza - force, strength
Voy a necesitar más fuerza. *I'm gonna need more force.*

105) el hecho - fact
De hecho, me ha gustado. *In fact, I liked it.*

106) el/la final - end / final
No me gustó el final tampoco. *I didn't like the ending either.*

107) el sentido - sense, meaning
Eso no tiene sentido. *That makes no sense.*

108) el/la joven - young man/woman
Una joven muy trabajadora. *A hard-working young woman.*

109) el sitio - site, place
A un sitio tranquilo. *To a quiet place.*
En el sitio web. *On the website.*
¿Vas a algún sitio? *Are you going somewhere?*

110) el pelo - hair
No me voy a cortar el pelo. *I'm not cutting my hair.*
¿Me estás tomando el pelo? *Are you kidding me?*

111) el plan - plan
Era un plan que iba a funcionar. *It was a plan that was going to work.*

112) el suelo - ground, soil
Ponlas en el suelo. *Put them on the ground.*
Levántate del suelo. *Get off the floor.*

113) la oportunidad - opportunity, chance
Si tuviera la oportunidad de hacerlo. *If I had the chance to do it.*

114) la calle - street
Los ciudadanos han salido a las calles. *Citizens have taken to the streets.*

115) el sueño - dream, sleep
Nunca habia tenido este sueño antes. *I've never had this dream before.*
Dulces sueños. *Sweet dreams.*

116) la llamada - call
Debo hacer una llamada. *I have to make a call.*

117) la esposa - wife
Tengo una esposa y un hijo. *I have a wife and a son.*

118) la niña - girl, child
Desde que era una niña pequeña. *Since I was a little girl.*

119) el querido - darling
Ya no me importa, querido. *I don't care anymore, dear.*

120) el resto - rest, remainder
El resto ya lo sabes. *The rest you already know.*

121) la seguridad - safety, security
Fue por tu propia seguridad. *It was for your own safety.*

122) la foto - photo
¿Puedo tomar una foto con ustedes? *Can I take a picture with you?*

123) el oído - ear, hearing
Música para mis oídos. *Music for my ears.*
Yo tengo buen oído. *I have good hearing.*

124) el aire - air
Enciende el aire acondicionado. *Turn on the air conditioning.*

125) la prueba - proof, test
¿Tienes pruebas? *Do you have proof?*
Él me está poniendo a prueba. *He's testing me.*

126) la relación - relationship, relation
La relación entre padre e hija. *The relationship between father and daughter.*

127) la comida - food, meal
La comida era buena allá. *The food was good there.*

128) el cuidado - care
Mejor que tengas cuidado. *You better be careful.*

129) el dolor - pain
Está escondiendo dolor emocional. *He's hiding emotional pain.*

130) el equipo - team, equipment
Dijo que tenía dolor de espalda. *He said he had back pain.*

131) el mensaje - message
¿Viste el mensaje que dejé? *Did you see the message I left?*

132) la culpa - fault, blame, guilt
No es mi culpa. *It's not my fault.*

133) el asunto - matter
No es asunto tuyo. *It's none of your business.*
Es un asunto privado. *It's a private matter.*

134) el/la frente - front / forehead
En frente de la escuela. *In front of the school.*
Un beso en la frente. *A kiss on the forehead.*

135) el bebé - baby
Los bebés no eran suyos. *The babies weren't his.*

136) la sonrisa - smile
Tienes una bonita sonrisa. *You have a beautiful smile.*

137) el marido - husband
Nunca conociste a mi marido. *You never met my husband.*

138) la tierra - land, earth
¿Quién necesita tanta tierra? *Who needs so much land?*

139) el estado - state
Está en un muy buen estado de salud. *He's in a very good health.*

140) la vista - view, sight
Qué bonita vista. *What a nice view.*
Oculto a plena vista. *Hidden in plain sight.*

141) el papel - paper
Un montón de papeles. *A bunch of papers.*

142) el café - coffee
¿Quieres tomar una taza de café? *You want to have a cup of coffee?*

143) la respuesta - answer, response
La respuesta era siempre la misma. *The answer was always the same.*

144) la espalda - back
Me llevó sobre su espalda. *He carried me on his back.*

145) el labio - lip
¿Qué le pasó a tus labios? *What happened to your lips?*

146) la pierna - leg
Necesito estirar las piernas. *I need to stretch my legs.*

147) la ropa - clothes, clothing
Te conseguiré algo de ropa. *I'll get you some clothes.*

148) la oficina - office
Creí que estarías en la oficina. *I thought you were gonna be at the office.*

149) el doctor - doctor
Mi doctor nunca lo mencionó. *My doctor never mentioned it.*

150) el cielo - sky, heaven
Se ve en el cielo nocturno. *It is seen in the night sky.*

151) el jefe - chief, head
Debería reconocer a su jefe. *You should recognize your boss.*

152) el baño - bath, bathroom
¿Por qué tienes esto en el baño? *Why do you have this in the bathroom?*

153) la noticia - news
Todavía no hay noticias. *There is still no news.*

154) el silencio - silence
El silencio me recuerda que ya no están. *The silence reminds me that they're gone.*

155) la mente - mind
Nada me viene a la mente. *Nothing's coming to mind.*

156) el cambio - change, exchange
Ha habido algunos cambios. *There have been some changes.*

157) la caja - box
¿Para qué son las cajas? *What are the boxes for?*

158) la carta - letter, card
¿Leíste mi carta? *Did you read my letter?*

159) el escuela - school
Tengo que terminar la escuela aquí. *I have to finish school here.*

160) el cuarto - room
Quédate en tu cuarto. *Stay in your room.*

161) la información - information
Necesito información confiable. *I need reliable information.*

162) la cita - appointment, date, quote
Tengo una cita con ella. *I have a date with her.*
Leí esta cita hoy. *I read this quote today.*

163) la situación - situation
Ella no debería estar en esta situación. *She shouldn't be in this situation.*

164) el negocio - business
Llame al director de nuestro negocio. *Call the director of our business.*

165) la pared - wall
Quiero pintar las paredes. *I want to paint the walls.*

166) la atención - attention
Ella quiere llamar la atención. *She wants to draw attention.*

167) la falta - lack
La falta de oxígeno. *The lack of oxygen.*

168) la ventana - window
La vi a través de la ventana. *I saw her through the window.*

169) la cocina - kitchen
Yo te voy a mostrar la cocina. *I'll show you the kitchen.*

170) el hombro - shoulder
Ella tiene un tatuaje en su hombro. *She has a tattoo on her shoulder.*

171) el médico - doctor, physician
Necesitamos ir al médico. *We need to go to the doctor.*

172) el viaje - trip, journey
Ten un buen viaje. *Have a good trip.*

173) el perro - dog
Estaba dando un paseo a mi perro. *I was walking my dog.*

174) el secreto - secret
Quiero contarte un secreto. *I want to tell you a secret.*

175) la película - movie
Es una película muy buena. *It's a really good movie.*

176) el vestido - dress
Me encanta tu vestido. *I love your dress.*

177) la piel - skin, fur
Es bueno para mi piel. *It's good for my skin.*

178) el centro - center
En el centro de la ciudad. *In the city center.*

179) el error - mistake, error
Cometió un gran error. *He made a big mistake.*

180) el asesino - killer
Los asesinos en serie son psicópatas. *Serial killers are psychopaths.*

181) el fondo - bottom, background, fund
En el fondo del río. *At the bottom of the river.*
Ese ruido en el fondo. *That noise in the background.*

182) el beso - kiss
Él me dio un beso. *He gave me a kiss.*

183) el rostro - face
Nunca olvidé tu rostro. *I never forgot your face.*

184) el grupo - group
Vais a estar en el mismo grupo. *You're gonna be in the same group.*

185) el color - color
¿Cuál es tu color favorito? *What's your favorite color?*

186) la sala - room
Encontraré otra sala por mí mismo. *I will find another room on my own.*

187) el control - control
Está fuera de tu control. *It's out of your control.*

188) el principio - beginning, principle
Me apoyaron desde el principio. *They supported me from the beginning.*

189) el respeto - respect
Con todo el respeto que le tengo. *With all the respect I have for you.*

190) la silla - chair
Necesitaremos más sillas. *We will need more chairs.*

191) el montón - pile, heap
Tengo un montón de ideas. *I have a lot of ideas.*

192) la dirección - address, direction
¿Cúal es la dirección? *What's the address?*

193) la lista - list
Hice una lista de canciones. *I made a list of songs.*

194) la guerra - war
Fundada durante la guerra fría. *Founded during the cold war.*

195) el daño - damage, harm
¿Cuánto fue el daño? *How much damage was there?*
No voy a hacerte daño. *I won't hurt you.*

196) el personal - staff
Nadie del personal recuerda haberlo visto. *No staff remembers seeing him.*

197) el rato - while, time
Sentémonos un rato. *Let's sit down for a while.*
Todo el rato. *All the time.*
¿No quieres pasar el rato? *Don't you want to hang out?*

198) el pecho - chest, breast
Ponga las manos en el pecho. *Put your hands on my chest.*
No te lo tomes a pecho. *Don't take it to heart.*

199) la llave - key
¿Dónde están las llaves de mi coche? *Where are the keys to my car?*

200) la novia - girlfriend, bride
Quiero que seas mi novia. *I want you to be my girlfriend.*

201) la duda - doubt
No hay duda de eso. *No doubt about that.*

202) el placer - pleasure
Es un placer conocerte. *It's nice to meet you.*

203) la cena - dinner
Deberias quedarte para la cena. *You should stay for dinner.*

204) el pueblo - town, village, people
Este es un pueblo pequeño. *This is a small town.*
El pueblo debe saber. *The people must know.*

205) el muchacho - lad, boy
Este muchacho contaba chistes. *This boy told jokes.*

206) el cliente - client, customer
Estoy tratando de encontrar clientes. *I'm trying to find customers.*

207) el perdón - forgiveness
No estoy pidiendo tu perdón. *I'm not asking for your forgiveness.*

208) el compañero - partner, companion
Eras el compañero de mi padre. *You were my father's partner.*

209) el derecho - right
Violación de los derechos humanos. *Violation of human rights.*

210) el novio - boyfriend, groom
Rompí con mi novio. *I broke up with my boyfriend.*

211) la conversación - conversation, talk
Necesitas tener una conversación con ella. *You need to have a conversation with her.*

212) el fuego - fire
Estás jugando con fuego. *You're playing with fire.*

213) el trato - deal, treatment
Sé que podré hacer un trato. *I know I can make a deal.*

214) la decisión - decision
Tienes que tomar la decisión correcta. *You have to make the right decision.*

215) la entrada - entrance, ticket
Es una entrada estrecha. *It's a narrow entrance.*
Vimos a unos tipos vendiendo entradas. *We saw some guys selling tickets.*

216) la línea - line
Lo puedes comprar en línea. *You can buy it online.*

217) el deseo - wish, desire
Pide un deseo. *Make a wish.*

218) la sensación - sensation
Es una sensación extraña. *It's a strange feeling.*

219) la nota - note, grade
Ellos dejaron una nota. *They left a note.*
Tienes buenas notas. *You have good grades.*

220) la pena - penalty, pity
Qué pena. *What a pity.*
¿Vale la pena? *Is it worth it?*

221) la víctima - victim
Es fácil culpar a la víctima. *It's easy to blame the victim.*

222) el contacto - contact
Así es como hizo su primer contacto. *That's how he made his first contact.*

223) la mitad - half
Córtalo por la mitad. *Cut it in half.*

224) la reunión - meeting
Estoy en medio de una reunión. *I'm in the middle of a meeting.*

225) la orden - order

Todo en orden. *It's all good.*

Seguiré las órdenes. *I will follow the orders.*

226) la señal - sign, signal

¿Ha mostrado alguna otra señal? *Has he shown any other sign?*

227) el servicio - service

¿Trabajas en el sector de servicios? *You work in a service sector?*

228) el asesinato - murder

No podemos acusarlo de asesinato. *We can't accuse him of murder.*

229) el traje - suit

Te ves muy elegante en ese traje. *You look very elegant in that suit.*

230) la gana - desire

No tengo ganas de comer. *I don't feel like eating.*

Te da ganas de ir alli. *It makes you want to go there.*

231) la sorpresa - surprise

Tengo una sorpresa para ti. *I have a surprise for you.*

232) la pareja - couple, pair

Van a hacer una pareja preciosa. *They're gonna make a beautiful couple.*

233) el barco - ship, boat

El barco estará esperando allí. *The ship will be waiting there.*

234) el instante - moment, instant

No pensaría por un instante. *He wouldn't think for a moment.*

235) el país - country

Estamos en una hermosa parte del país. *We're in a beautiful part of the country.*

236) la compañía - company
Estoy aquí para hacerte compañía. *I'm here to keep you company.*

237) la edad - age
¿Qué edad tiene su hermana? *How old is your sister?*

238) el tema - subject, theme
No cambies de tema. *Don't change the subject.*

239) el paz - peace
¡Déjenme en paz! *Leave me alone!*

240) el sol - sun
Necesito el sol de la mañana. *I need the morning sun.*

241) el edificio - building
Todo el edificio era de vidrio. *The whole building was made of glass.*

242) la abuela - grandmother
Soy muy joven para ser abuela. *I'm too young to be a grandmother.*

243) la imagen - image
No podía sacar esa imagen de mi cabeza. *I couldn't get that image out of my head.*

244) la cámara - camera, chamber
Las cámaras fueron removidas. *The cameras were removed.*

245) el piso - floor
Tienen una oficina en el quinto piso. *They have an office on the fifth floor.*

246) el cuello - neck, collar
¿Qué son esas marcas en su cuello? *What are those marks on your neck?*

247) la tienda - store, tent

Una tienda de alimentos saludables. *A health food store.*

248) la boda - wedding

¿Vendrás a la boda de mi hija? *Will you come to my daughter's wedding?*

249) la disculpa - excuse, apology

Le pido disculpas por la distracción. *I apologize for the distraction.*

250) el gesto - gesture

Fue un gesto muy bonito. *It was a very nice gesture.*

251) la señorita - young lady

No toque a la señorita. *Don't touch the young lady.*

252) el movimiento - movement

Mientras no haya un movimiento repentino. *As long as there's no sudden movement.*

253) el golpe - blow, knock, coup

Un gran golpe en la cabeza. *A big blow to the head.*

254) la posibilidad - possibility

Las posibilidades son infinitas. *The possibilities are endless.*

255) la escalera - stairs, ladder

Ella se cayó por las escaleras. *She fell down the stairs.*

256) el campo - field, countryside

En todos estos campos. *In all these fields.*

257) el cerebro - brain

Dios nos dio un cerebro. *God gave us a brain.*

258) el sistema - system

Encuentre el sistema estelar más cercano. *Find the closest star system.*

259) el diente - tooth

No olvides cepillarte los dientes. *Don't forget to brush your teeth.*

260) el abogado - lawyer

¿Dónde está mi abogado? *Where is my lawyer?*

261) la música - music

¿Qué tipo de música te gusta? *What kind of music do you like?*

262) el ataque - attack

Estamos bajo ataque. *We are under attack.*

263) el accidente - accident

Hubo un accidente de coche. *There was a car accident.*

264) el alma (f) - soul

Ella dijo que era mi alma gemela. *She said she was my soul mate.*

265) el cabo - cape

Al cabo de un minuto. *After one minute.*
No deja cabos sueltos. *Don't leave loose ends.*
Al fin y al cabo. *After all.*

266) el regalo - gift, present

Tengo un regalo para tí. *I have a gift for you.*

267) el mar - sea

Hay otros peces en el mar. *There are other fish in the sea.*

268) el árbol - tree

Estaba sentado bajo un árbol. *I was sitting under a tree.*

269) la droga - drug
¿Está tomando alguna droga? *Are you taking any drugs?*

270) el asiento - seat
.Busca debajo del asiento. *Search under the seat.*

271) la expresión - expression
Quiero ver tu expresión. *I want to see your expression.*

272) el futuro - future
Es una inversión para mi futuro. *It's an investment for my future.*

273) el sentimiento - feeling
No quería herir tus sentimientos. *I didn't want to hurt your feelings.*

274) la canción - song
¿Cuál es el nombre de esta canción? *What's the name of this song?*

275) el profesor - teacher, professor
Era mi profesora el año pasado. *She was my teacher last year.*

276) la especie - kind, sort, species
¿Esto es una especie de prueba? *Is this some sort of test?*

277) la broma - joke, prank
Tiene que ser una broma. *It has to be a joke.*

278) el ruido - noise
¿De dónde viene ese ruido? *Where's that noise coming from?*

279) el detalle - detail
Tendré más detalles en breve. *I'll have more details soon.*

280) el motivo - motive, reason
No hay motivos para no llevarnos bien. *There's no reason that we can't get along.*

281) la escena - scene, stage
Incluso la escena de apertura. *Even the opening scene.*

282) la nariz - nose
No soy admiradora de mi nariz. *I'm not a big fan of my nose.*

283) la acción - action, share
Me gustan las películas de acción. *I like action movies.*
Vendí mis acciones. *I sold my shares.*

284) la carrera - career, race
Buena suerte con tu carrera. *Good luck with your career.*
Tenemos que ganar la carrera. *We have to win the race.*

285) la mayoría - majority
La mayoría de las mujeres van allí. *Most women go there.*

286) el avión - plane
Tenemos que ir en avión. *We have to go by plane.*

287) el pensamiento - thought
Mis pensamientos están vacíos. *My thoughts are empty.*

288) el aspecto - look, aspect
Tienes buen aspecto. *You look good.*
¿Qué aspecto tiene tu mamá? *What does your mom look like?*

289) la investigación - investigation, research
¿Quién hizo la investigación? *Who did the research?*

290) la copa - cup, glass
¿Qué tal una copa de vino? *How about a glass of wine?*

291) el zapato - shoe
¿Te gustan estos zapatos? *Do you like these shoes?*

292) el sonido - sound
¿Qué es ese sonido? *What is that sound?*

293) la tía - aunt
Fui a visitar a mi tía. *I went to visit my aunt.*

294) el cumpleaños - birthday
¡Feliz cumpleaños! *Happy Birthday!*

295) la ocasión - occasion, chance
Lo podemos hacer en otra ocasión. *We can do it another time.*
En tres ocasiones. *Three times.*

296) la lengua - tongue, language
Ella se mordió la lengua. *She bit her tongue.*

297) la mentira - lie
Su historia es una gran mentira. *Your story is a big lie.*

298) la opción - option
¿Esa es la única opción? *Is that the only option?*

299) la cuestión - matter, question
Es sólo cuestión de tiempo. *It's just a matter of time.*

300) los pantalones - pants
No encontraba mis pantalones. *I couldn't find my pants.*

301) el espacio - space
No hay suficiente espacio. *There's not enough space.*
Quiero ir al espacio. *I want to go to space.*

302) la regla - rule
Debemos seguir las reglas. *We have to follow the rules.*

303) el abuelo - grandfather, grandparents (pl.)
No puedo dejar a mi abuelo. *I can't leave my grandfather.*
Nuestros padres y abuelos. *Our parents and grandparents.*

304) el baile - dance
Soy profesora de baile. *I'm a dance teacher.*

305) la prisa - hurry
No tengo prisa por salir. *I'm in no hurry to get out.*

306) la piedra - stone
Debería haber tirado una piedra. *I should have thrown a rock.*

307) la visita - visit
Acaban de tener una visita. *They just had a visit.*

308) la calma - calm
Tómalo con calma. *Take it easy.*
¡Calma, amigos! *Calm down, people!*

309) la pista - track, clue
La pista es un poco estrecha. *The track is a bit narrow.*
En la pista de baile. *On the dance floor.*
Te voy a dar una pista. *I will give you a clue.*

310) el matrimonio - marriage
Tuve un matrimonio maravilloso. *I had a wonderful marriage.*

311) el peligro - danger
Creo que está en peligro. *I think he is in danger.*

312) la esperanza - hope
No podemos perder la esperanza. *We cannot lose hope.*

313) el pasillo - corridor
Está al final del pasillo. *It's at the end of the corridor.*

314) la base - base, basis
Necesitamos una base común. *We need a common base.*

315) la salida - exit
¿Dónde está la salida? *Where is the exit?*

316) la opinión - opinion
Al menos en mi opinión. *At least in my opinion.*
Ella cambió de opinión. *She changed her mind.*

317) la tarjeta - card
¿Tienes una tarjeta de crédito? *Do you have a credit card?*

318) el crimen - crime
Ella está involucrada en los crímenes. *She is involved in the crimes.*

319) la pieza - piece, part
Tienes que cortar todas las piezas. *You have to cut all the pieces.*

320) el restaurante - restaurant
Vamos a un restaurante. *Let's go to a restaurant.*

321) el encuentro - meeting, encounter
El encuentro estaba previsto para el viernes. *The meeting was scheduled for Friday.*

322) la estrella - star
¿Viste una estrella fugaz? *You saw a shooting star?*

323) la locura - madness
Esto es una locura. *This is crazy.*
Sé que suena a locura. *I know it sounds crazy.*

324) la bolsa / el bolso - bag, purse (--/Spa)
Yo encontré esta bolsa. *I found this bag.*
¿Me devuelve mi bolso? *May I have my purse back?*

325) el hambre - hunger
No tengo hambre. *I'm not hungry.*

326) el cargo - charge, position
¿Quién estaba a cargo? *Who was in charge?*
Me voy a hacer cargo de ustedes. *I'm gonna take care of you.*

327) el resultado - result
¿Has visto los resultados? *Have you seen the results?*

328) el estudio - study, studio
Hay estudios sobre esto. *There are studies on this.*
Pasé todo el día en el estudio. *I spent all day in the studio.*

329) la pistola - gun
Baja la pistola. *Put the gun down.*

330) la experiencia - experience
Lo sé por experiencia propia. *I know this from my own experience.*

331) el vistazo - glance, look
Déjame echar un vistazo. *Let me take a look.*

332) el efecto - effect
Puede haber efectos secundarios. *There may be side effects.*
Si, en efecto. *Yes, indeed.*

333) el ejemplo - example
Por ejemplo, como anoche. *For example, like last night.*

334) el banco - bank, bench
Una carta del banco. *A letter from the bank.*
Estaba sentado en un banco. *I was sitting on a bench.*

335) la isla - island
Nos encanta esta isla. *We love this island.*

336) la necesidad - need, necessity
No hay necesidad de inquietarse. *There is no need to worry.*

337) el objetivo - objective, target
No era mi objetivo. *That wasn't my goal.*
Ella puede ser el objetivo. *She can be the target.*

338) la empresa - company, business
La empresa lanzó el año pasado. *The company launched last year.*

339) la carne - meat
En realidad, no como carne. *Actually, I don't eat meat.*

340) la flor - flower
Te compré estas flores. *I bought you these flowers.*

341) la causa - cause
¿Y todo por causa de una mujer? *And all because of a woman?*
La causa del problema. *The cause of the problem.*

342) el reloj - clock, watch
¿Puede traer ese reloj? *Can you bring that watch?*

343) el/la colega - colleague
¿Qué te parece, colega? *What do you think, buddy?*

344) la sombra - shadow
Se esconden en las sombras. *They hide in the shadows.*

345) la página - page
Leí las primeras veinte páginas. *I read the first twenty pages.*

346) el apartamento / el piso - apartment (L.Am/Spa)
¿Están alquilando apartamentos? *They're renting apartments?*

347) la herida - wound
Tengo una herida en el pecho. *I have a chest wound.*

348) el caballero - gentleman, knight
Era un verdadero caballero. *He was a true gentleman.*

349) el grito - scream
Escuché gritos. *I heard screams.*

350) la botella - bottle
Te traeré una botella de agua. *I'll get you a bottle of water.*

351) la universidad - college, university
Fuimos a la universidad juntas. *We went to college together.*

352) el caballo - horse
Los caballos me espantan. *Horses frighten me.*

353) el olor - smell
¿Qué es ese olor? *What's that smell?*

354) la obra - work, play
Una obra de arte. *A work of art.*
¿Esta es la obra que has escrito? *This is a play you've written?*

355) la intención - intention
No era mi intención. *It was not my intention.*

356) la ley - law
Eso es contra la ley. *That's against the law.*
¿Qué leyes he incumplido? *What laws did I break?*

357) la cárcel - jail
No quiero ir a la cárcel. *I don't want to go to jail.*

358) el calor - heat, warmth
Hace mucho calor hoy. *It's really hot today.*

359) el colegio - school
¿Cuándo vuelves al colegio? *When do you go back to school?*

360) el bolsillo - pocket
Pon esto en tu bolsillo. *Put this in your pocket.*

361) la cerveza - beer
Te traeré una cerveza fresca. *I'll get you a fresh beer.*

362) el gato - cat
Los niños siguieron a un gato. *Kids followed a cat.*

363) la felicidad - happiness
¡Felicidades! *Congratulations!*

364) la rodilla - knee
Dobla las rodillas. *Bend your knees.*

365) el rey - king
Te ves como un rey. *You look like a king.*

366) el celular / el móvil - cell phone (L.Am/Spa)
¿Por qué estás revisando mi celular? *Why are you checking my phone?*

367) la lágrima - tear
Con lágrimas en los ojos. *With tears in his eyes.*

368) la posición - position
Desde una posición de poder. *From a position of power.*

369) el nivel - level
Están en un nivel diferente. *They're on a different level.*

370) el verano - summer
Vayamos a algún lado este verano. *Let's go somewhere this summer.*

371) la frase - sentence, phrase
¿Puedo terminar mi frase? *Can I finish my sentence?*

372) el destino - destiny, fate, destination
Debe haber sido el destino. *It must have been fate.*
Ingrese su destino. *Enter your destination.*

373) el despacho - office
Necesito verte en mi despacho. *I need to see you in my office.*

374) la diferencia - difference
¿Cuál es la diferencia entre...? *What's the difference between...?*

375) el tren - train
No sé si tomé aquel tren. *I don't know if I took that train.*

376) la emoción - emotion, thrill
Qué emoción, ¿no? *It's really exciting, isn't it?*

377) el plato - plate, dish
Vas a tener que lavar los platos. *You'll have to wash the dishes.*

378) la prisión - prison, jail
Acabo de salir de prisión. *I just got out of prison.*

379) el jardín - garden
Tenían un bello jardín. *They had a beautiful garden.*

380) la basura - garbage, trash
¿Puedes sacar la basura? *Can you take the trash out?*

381) el bosque - forest, woods
Ese bosque puede ser peligroso. *That forest can be dangerous.*

382) la Navidad - Christmas
¡Feliz Navidad! *Merry Christmas!*

383) la luna - moon
Esta noche es luna llena. *It is a full moon tonight.*

384) el cabello - hair
¿Mi cabello se ve bien? *My hair look cool?*

385) la pelea - fight
Quiero una pelea limpia. *I want a clean fight.*

386) el consejo - advice
Podría darte consejos útiles. *I could give you useful tips.*

387) la playa - beach
Voy a dar un paseo por la playa. *I'm going for a walk on the beach.*

388) la elección - choice, election
Esta fue una mala elección. *This was a bad choice.*

389) el riesgo - risk
Estoy dispuesto a correr el riesgo. *I'm willing to take the risk.*

390) el informe / el reporte - report (--/Mex)
Tengo que escribir un reporte sobre esto. *I have to write a report on this.*

391) el estilo - style
No me gusta su estilo de vida. *I don't like her lifestyle.*

392) la enfermedad - disease, illness
Ahora es como una enfermedad. *Now it's like a disease.*

393) el hielo - ice
Tenía que romper el hielo. *I had to break the ice.*

394) la memoria - memory
¿Estás perdiendo la memoria? *Are you losing your memory?*

395) el gobierno - government
No trabajo para el gobierno. *I don't work for the government.*

396) la iglesia - church
La donaremos para la iglesia. *We'll donate it to the church.*

397) el valor - value, courage
Destruyó los valores familiares. *It destroyed family values.*
El valor para cambiar las cosas. *The courage to change things.*

398) el invitado - guest
Estamos en la lista de invitados. *We're on the guest list.*

399) la salud - health
No es sólo acerca de tu salud. *It's not just about your health.*

400) la carretera - road, highway
Cuando conduzco, miro la carretera. *When I drive, I look at the road.*

401) la bala - bullet
¿Por qué faltan dos balas? *Why are two bullets missing?*

402) el permiso - permission
Con permiso. *Excuse me.*
No le dimos permiso. *We didn't give her permission.*

403) la marca - brand, mark
¿Cómo describiría su marca? *How would you describe your brand?*
¿Esas marcas azules? *Those blue marks?*

404) la oscuridad - darkness
Tengo miedo de la oscuridad. *I'm afraid of the dark.*

405) el vuelo - flight
Mi vuelo está retrasado. *My flight is delayed.*
Cancelaron mi vuelo. *They canceled my flight.*

406) la madera - wood
Dentro de una caja de madera. *Inside a wooden box.*

407) el hogar - home
Te mostraré mi hogar. *I will show you my home.*

408) la distancia - distance
Tengo que mantener más distancia. *I have to keep more distance.*
Cuatro años luz de distancia. *Four light years away.*

409) la fuente - source, fountain
Tengo varias fuentes. *I have several sources.*

410) el éxito - success
Nuestro proyecto fue un éxito. *Our project was a success.*

411) el esfuerzo - effort
Con sólo un mínimo esfuerzo. *With only a minimal effort.*

412) el acto - act
¿Fue en verdad un acto de bondad? *Was this really an act of kindness?*

413) la libertad - freedom
Quiero disfrutar mi libertad. *I want to enjoy my freedom.*

414) la computadora / el ordenador - computer (L.Am/Spa)
Pasa menos tiempo en la computadora. *Spend less time on the computer.*

415) el miembro - member
Para atraer a los miembros más jóvenes. *To attract younger members.*

416) el arte (f) - art
Es graduada en historia del arte. *She's graduated in art history.*

417) el interés - interest
Él no tiene ningún interés en ella. *He has no interest in her.*

418) la energía - energy
Se está alimentando de su energía. *He's feeding off her energy.*

419) la camisa - shirt
Quítate la camisa. *Take your shirt off.*

420) el techo - ceiling; roof (L.Am)
Los techos son tan altos. *The ceilings are so high.*
¿Vamos al techo? *Are we going to the roof?*

421) el tejado - roof (Spa)
Él se ha resbalado del tejado. *He has slipped off the roof.*

422) la garganta - throat
Me duele la garganta. *My throat hurts.*

423) la cerca - fence
Ella saltó la cerca. *She jumped the fence.*

424) el infierno - hell
No quiero ir al infierno. *I don't want to go to hell.*

425) la serie - series
Una serie de eventos han ocurrido. *A series of events have occurred.*

426) la planta - plant
Hay plantas por todos lados. *There are plants everywhere.*

427) el/la amante - lover
Perdí mi empleo y a mi amante. *I lost my job and my lover.*

428) el vaso - glass
¿Quiere un vaso de agua? *Would you like a glass of water?*

429) la huella - footprint, track
Para borrar las huellas digitales. *To erase fingerprints.*
Sus huellas aún están frescas. *Its tracks are still fresh.*

430) la hoja - leaf, sheet
Entre las hojas verdes. *Between green leaves.*
Un lápiz y dos hojas de papel. *A pencil and two sheets of paper.*

431) el viento - wind
El viento soplaba fuerte. *The wind was blowing hard.*

432) el espejo - mirror
¿Has mirado en el espejo? *Have you looked in the mirror?*

433) el río - river
Intentó nadar a través del río. *He tried to swim across the river.*

434) el correo - mail
¿Cuál es su dirección de correo electrónico? *What's your email address?*

435) el código - code
¿Cómo te acordaste del código? *How did you remember the code?*

436) el anillo - ring
No tienes ningún anillo en el dedo. *You have no ring on your finger.*

437) el/la corte - cut / court
Necesitas un corte de pelo. *You need a haircut.*
Un hombre ha aparecido en la corte. *A man has appeared in court.*

438) el trago - drink
¿Te gustaría un trago? *Would you like a drink?*

439) la máquina - machine
Voy a ir a la máquina expendedora. *I will go to the vending machine.*

440) la presión - pressure
Estaba bajo mucha presión. *I was under a lot of pressure.*

441) la tarea - task, homework
Es una tarea secreta. *It's a secret task.*
Ve a terminar tu tarea. *Go finish your homework.*

442) la presencia - presence
¿Mi presencia te molesta? *Is my presence bothering you?*

443) el regreso - return
Para el regreso de tu padre. *For your father's return.*
Debes llamarlo de regreso. *You must call him back.*

444) el vecino - neighbor
¿Por qué no le preguntas a los vecinos? *Why don't you ask the neighbors?*

445) la mejilla - cheek
Tiene la mejilla hinchada. *He has a swollen cheek.*

446) el soldado - soldier
¿Te convertiste en un soldado? *Did you become a soldier?*

447) el armario - closet, wardrobe
Estoy encerrado en el armario. *I'm locked in the closet.*

448) el camión - truck; bus (Mex)
Él fue atropellado por un camión. *He was hit by a truck.*

449) el precio - price
Deben aumentar el precio. *They must increase the price.*

450) el honor - honor
Dijo que era un gran honor. *He said it was a great honor.*

451) el hueso - bone
Puedo sentirlo en mis huesos. *I can feel it in my bones.*

452) el peso - weight
Quiero perder algo de peso. *I want to lose some weight.*

453) el huevo - egg
Puede comer todos los huevos. *You can eat all the eggs.*

454) la compra - purchase
Vamos de compras. *Let's go shopping.*
¿Esta es tu lista de la compra? *This is your shopping list?*

455) la confianza - trust, confidence
Las relaciones se basan en la confianza. *Relationships are based on trust.*

456) el humor - mood, humor
Estás de buen humor hoy. *You're in a good mood today.*
Tiene un sentido del humor. *He has a sense of humor.*

457) la muñeca - doll, wrist
Estábamos jugando con muñecas. *We were playing with dolls.*
Ella se cortó las muñecas. *She cut her wrists.*

458) el estómago - stomach
Tienes el estómago vacío. *You have an empty stomach.*

459) la trampa - trap
Está lleno de trampas. *It's full of traps.*
¿Me acusas de hacer trampa? *You accuse me of cheating?*

460) el agujero - hole
Vi los agujeros en la pared. *I saw the holes in the wall.*

461) el objeto - object
No se permiten objetos afilados. *Sharp objects are not allowed.*

462) las vacaciones - vacation
¿Están de vacaciones? *They're on vacation?*

463) el borde - edge
Estoy justo en el borde. *I'm right on the edge.*

464) el recuerdo - memory, souvenir
Me trae recuerdos. *It brings back memories.*

465) el acceso - access
El acceso a mi cuenta bancaria. *Access to my bank account.*

466) el espíritu - spirit
Para atraer a un espíritu maligno. *To attract an evil spirit.*

467) la reina - queen
Te voy a tratar como la reina. *I'll treat you like the queen.*

468) la condición - condition
Pero con una condición. *But on one condition.*

469) la pantalla - screen
Quiero verlo en la gran pantalla. *I want to see it on the big screen.*

470) el archivo - file, archive
No leeré ese archivo. *I won't read that file.*

471) el cuento - tale
No creo en los cuentos de hadas. *I don't believe in fairy tales.*

472) el té - tea
¿Quieres sentarte y tomar el té? *Do you want to sit and have tea?*

473) el/la estudiante - student
Algunos estudiantes lo encontraron. *Some students found it.*

474) el juicio - judgment
Confío en tu juicio. *I trust your judgment.*
He estado perdiendo el juicio. *I've been losing my mind.*

475) la cinta - tape, ribbon
Necesito que consigas la cinta. *I need you to get the tape.*

476) la taza - cup
¿Te gustaría una taza de té? *Would you like a cup of tea?*

477) el enemigo - enemy
Tenemos enemigos comunes. *We have common enemies.*

478) el turno - turn, shift
Ahora es tu turno. *Now it's your turn.*
¿Cuándo termina tu turno? *When does your shift end?*

479) la risa - laughter
Me muero de la risa. *I'm dying of laughter.*

480) el pastel - cake, pie
¿Quién quiere un poco de pastel? *Who wants some cake?*
Me encantan los pasteles. *I love cakes.*

481) la tarta - pie; cake (Spa)
Vamos a hornear unas tartas. *Let's bake some pies.*
Come tu tarta. *Eat your cake.*

482) el periódico - newspaper
¿Has leído el periódico? *Have you read the newspaper?*

483) la amenaza - threat
Era una amenaza para nosotros. *He was a threat to us.*

484) la ducha - shower
Yo voy a tomar una ducha. *I'm going to take a shower.*

485) la esquina - street corner
Ve a la tienda de la esquina. *Go to a shop on the corner.*

486) la explicación - explanation
Debe haber una explicación. *There must be an explanation.*

487) la cantidad - amount, quantity
Es una gran cantidad de papeleo. *It's a lot of paperwork.*

488) el/la adolescente - teenager
Es lo que hacen los adolescentes. *That's what teenagers do.*

489) el cuchillo - knife
Mi cuchillo ha desaparecido. *My knife has disappeared.*

490) el pedazo - piece
Estoy recogiendo los pedazos. *I'm picking up the pieces.*

491) la banda - band
Él va a tocar en la banda. *He's going to play in the band.*

492) la impresión - impression, print
Debo dar una buena impresión. *I need to make a good impression.*

493) la campaña - campaign
Creo que es una gran campaña. *I think it's a great campaign.*

494) la velocidad - speed

Más rápido que la velocidad de la luz. *Faster than the speed of light.*

495) el desastre - disaster

Mi matrimonio fue un desastre. *My marriage was a disaster.*

496) el/la modelo - model

Ella trabajaba con una modelo. *She worked with a model.*

497) el norte - north

Yo iré hacia el norte. *I will go north.*

498) el registro - record, registration

Revisamos sus registros bancarios. *We checked out his bank records.*

499) la novela - novel

Leo novelas de ciencia ficción. *I read science fiction novels.*

500) el oro - gold

Eso es un pedazo de oro muy bonito. *That's a very nice piece of gold.*

Verbs 1-200

1) ser - to be
Ellos son/eran amigos. *They are/were friends.*
Fui/Fue capturado. *I/He was captured.*
Era muy joven. *I/He was very young.*

2) estar - to be
Están/Estaban en la mesa. *They are/were at the table.*
Estoy/Está durmiendo. *I am/He is sleeping.*
Estaba asustado. *I/He was scared.*

3) haber - to have, be
Nunca lo había visto. *I had never seen it.*
No había nadie ahí. *There was nobody there.*
No hay otra manera. *There is no other way.*

4) tener - to have
Tiene/Tienes un trabajo. *He has/You have a job.*
No tenía tu número. *I didn't have your number.*
Tenemos que continuar. *We have to continue.*

5) ir - to go
Tengo que ir. *I have to go.*
Fui/Fue al restaurante. *I/He went to the restaurant.*
¿A dónde vas? *Where are you going?*

6) poder - to be able
¿Puedo sentarme aquí? *Can I sit here?*
¿Me puedes ayudar? *Can you help me?*
¿Cómo podría saberlo? *How could I know?*

7) saber - to know (sth)
No lo sé. *I don't know.*
Tú lo sabes. *You know that.*

Yo sabía que podía. *I knew I could.*

8) hacer - to do, make
¿Quién hizo eso? *Who did that?*
Hice lo que pude. *I did what I could.*
¿Que quieres que haga? *What do you want me to do?*

9) decir - to say, tell
Mi abuelo me dijo. *My grandfather told me.*
¿Qué quieres decir? *What do you mean?*
No me digas eso. *Don't tell me that.*

10) querer - to want
Quería verte. *I wanted to see you.*
Hay café, si quieres. *There's coffee, if you want.*
No quise decir eso. *I didn't mean that.*

11) ver - to see, watch
No te he visto hoy. *I haven't seen you today.*
Creo que vi algo. *I think I saw something.*
Nos vemos mañana. *See you tomorrow.*

12) creer - to believe, think
¿De verdad lo crees? *Do you really believe it?*
Creí que había una fiesta. *I thought there was a party.*

13) sentir - to feel
Lo siento mucho. *I'm so sorry.*
Nunca me sentí mejor. *I've never felt better.*

14) hablar - to speak, talk
¿De qué estás hablando? *What are you talking about?*
¿Hablas español? *Do you speak Spanish?*

15) pasar - to happen, pass
¿Qué pasó? *What happened?*

Pasé mucho tiempo con él. *I spent a lot of time with him.*

16) deber - must
Ella debe tener hambre. *She must be hungry.*
No debería haberlo hecho. *I shouldn't have done it.*

17) pensar - to think
¿Qué piensas? *What do you think?*
Pensé que estaba listo. *I thought it was ready.*
He pensado mucho. *I have thought a lot.*

18) dar - to give
Dame tu mano. *Give me your hand.*
¿Te dio las llaves? *Did he give you the keys?*
Le di mi tarjeta. *I gave her my card.*

19) mirar - to look
Mírame. *Look at me.*
No me mires así. *Don't look at me like that.*

20) parecer - to seem
Me parece una buena idea. *I think it's a good idea.*
Ella parecía amable. *She seemed nice.*

21) necesitar - to need
Necesito hacer una llamada. *I need to make a call.*
Necesitamos hablar. *We need to talk.*

22) esperar - to wait, hope, expect
Espera un segundo. *Wait a second.*
No puedo esperar. *I can't wait.*
Espero que te guste. *I hope you like it.*

23) dejar - to leave, let, stop
Lo dejé en el coche. *I left it in the car.*
Déjame ver. *Let me see.*

Deja de jugar conmigo. *Stop playing with me.*

24) volver - to return
No volvió a casa. *He didn't return home.*
Volví a mi oficina. *I went back to my office.*
Vuelve a la cama. *Go back to bed.*

25) venir - to come
¡Ven aquí! *Come here!*
Ella viene/vino conmigo. *She comes/came with me.*
Vine a disculparme. *I came to apologize.*

26) gustar - to like
Me gusta esta canción. *I like this song.*
Me gustaría un café. *I would like a coffee.*
¿Te gustó? - Me gustó. *You liked it? - I liked it.*

27) salir - to leave, get out
Ella salió de su casa. *She left her house.*
Mi madre sale mañana. *My mother leaves tomorrow.*
¡Sal de aquí! *Get out of here!*

28) llamar - to call
¿Cómo te llamas? *What's your name?*
Hay un lugar llamado... *There is a place called...*
¿Llamó a la policía? *Did you call the police?*

29) llevar - to carry, take, wear
¿Puedes llevar estas cosas? *Can you carry these things?*
Lleva esto a casa. *Take this home.*
Ella llevaba una blusa. *She was wearing a blouse.*

30) poner - to put, put on
Lo voy a poner en la caja. *I'll put it in the box.*
Eso la puso triste. *That made her sad.*
¿Tienes algo que ponerte? *Do you have anything to wear?*

31) llegar - to arrive
¿Cuándo has llegado? *When have you arrived?*
Llegué a una solución. *I arrived at a solution.*

32) seguir - to follow, continue
Alguien me seguía. *Someone was following me.*
Debo seguir cocinando. *I have to keep cooking.*
Ella sigue trabajando. *She's still working.*

33) valer - to be worth
¿Cuánto vale este? *How much is this worth?*
Valía la pena intentarlo. *It was worth trying.*
Espero que valga la pena. *I hope it's worth it.*

34) encontrar - to find, meet, encounter
Encontré las fotos. *I found the photos.*
Ella encontró una manera. *She found a way.*

35) conocer - to know (sb)
Yo la conozco muy bien. *I know her very well.*
¿Conoces a este hombre? *Do you know this man?*

36) entender - to understand
No lo entiendo. *I don't understand.*
¿Entiendes lo que digo? *Do you understand what I say?*

37) preguntar - to ask
Ella me preguntó sobre ti. *She asked me about you.*
Le pregunté a mamá. *I asked mom.*
Me pregunto qué ha pasado. *I wonder what happened.*

38) tomar - to take
Toma tus cosas. *Take your stuff.*
Tomó el mismo autobús. *He took the same bus.*
Me lo estoy tomando. *I'm taking it.*

39) quedar - to stay, be
Quédate donde estás. *Stay where you are.*
Eso te queda bien. *That looks good on you.*
El motel queda por aquí. *The motel is up this way.*

40) acabar - to end, finish
La fiesta se acabó. *The party is over.*
Acabo de llegar. *I just got here.*
Ella me acaba de decir. *She just told me.*

41) empezar - to begin, start
No sé cuándo empezó. *I don't know when it started.*
Empieza por el principio. *Start at the beginning.*

42) tratar - to try, treat, deal
Trata de no reírte. *Try not to laugh.*
Ella lo trató mal. *She treated him badly.*
No sé cómo tratar con ellos. *I don't know how to deal with them.*

43) recordar - to remember
No recuerdo su nombre. *I don't remember his name.*
¿Recuerdas lo que te dije? *Remember what I told you?*

44) escuchar - to listen, hear
Escucha lo que digo. *Listen to what I say.*
No escuché nada. *I didn't hear anything.*

45) trabajar - to work
Estoy trabajando en ello. *I'm working on it.*
Trabajaban en la construcción. *They worked in construction.*

46) buscar - to search, look for
¿Qué estás buscando? *What are you looking for?*
Buscaba en todas partes. *He looked everywhere.*

47) intentar - to try, attempt

¿Qué estás intentando hacer? *What are you trying to do?*
Yo intenté explicarlo. *I tried to explain it.*

48) suponer - to suppose

Supongo que nos vemos mañana. *I guess we'll see you tomorrow.*
¿Cómo se supone que lo haga? *How am I supposed to do it?*
Siempre supuse que lo sabía. *I always assumed that you knew.*

49) entrar - to enter

¿Cómo has entrado aquí? *How did you get in here?*

50) perder - to lose, miss

Ella perdió la cabeza. *She has lost her mind.*
No quiero perderme nada. *I don't want to miss anything.*

51) importar - to matter, import

No me importa. *I don't care.*
¿Por qué le importaría? *Why would he care?*
Espero que no te importe. *I hope you don't mind.*

52) ayudar - to help

¿Me puedes ayudar? *Can you help me?*
¿En qué puedo ayudarte? *How can I help you?*

53) vivir - to live

¿Dónde vives? *Where do you live?*
Llevo años viviendo aquí. *I've been living here for years.*

54) morir - to die

Pensé que iba a morir. *I thought I was going to die.*
Me muero de hambre. *I'm starving.*

55) matar - to kill

Ella los mató a todos. *She killed them all.*
¿Tú lo mataste? *You killed him?*

56) abrir - to open
Él abrió la puerta. *He opened the door.*
Abrí los ojos. *I opened my eyes.*

57) conseguir - to get, achieve
¿Puedes conseguirlo? *You can get it?*
Ella consiguió el trabajo. *She got the job.*

58) preocuparse - to worry
No te preocupes. *Don't worry.*
Estoy un poco preocupado. *I'm a little bit worried.*

59) oír - to hear
Lo oí un par de veces. *I heard it a couple times.*
¿Me has oído? *Did you hear me?*
Mi hija la oyó. *My daughter heard it.*

60) terminar - to finish, end
Todo ha terminado ahora. *Everything is over now.*
El tiempo se terminó. *Time is up.*

61) ocurrir - to happen
¿Qué ha ocurrido? *What happened?*
Yo no sé cómo ocurrió. *I don't know how it happened.*

62) pedir - to ask for, request
¿Te pidió tu número? *Did he ask for your number?*
Te pedí que me ayudaras. *I asked you to help me.*

63) leer - to read
Sólo leo revistas. *I only read magazines.*
¿Estás leyendo un libro? *You're reading a book?*

64) cambiar - to change
No ha cambiado mucho. *It hasn't changed much.*
Cambié de opinión. *I changed my mind.*

65) significar - to mean
¿Sabes lo que eso significa? *Do you know what that means?*
Significaba todo para mí. *He meant everything to me.*

66) dormir - to sleep
Me quedé dormido. *I fell asleep.*
Estoy durmiendo mucho mejor. *I'm sleeping much better.*

67) sentar - to sit
Se sentó a mi lado. *He sat next to me.*
Siéntate aquí. *Sit here.*

68) coger - to take, grab
¿Puedo coger su abrigo? *Can I take your coat?*
Deja que coja mi chaqueta. *Let me grab my jacket.*

69) bajar - to lower, go down
Los precios han bajado. *Prices have gone down.*
Ella bajó a ese lugar. *She went down to that place.*

70) amar - to love
Te amo tanto. *I love you so much.*
Él te ama de verdad. *He really loves you.*

71) echar - to throw
Tu hermana me echó. *Your sister kicked me out.*
¿Quieres echar un vistazo? *You want to take a look?*
Te echo de menos. *I miss you.*

72) comer - to eat
Voy a comer un helado. *I'm going to eat an ice cream.*
Me comí un sándwich. *I ate a sandwich.*

73) caer - to fall, drop
El árbol se cayó anoche. *The tree fell last night.*
Acciones siguen cayendo. *Stocks keep falling.*

74) contar - to tell, count
Tengo que contarte algo. *I have to tell you something.*
Ella me lo ha contado todo. *She told me everything.*

75) sacar - to take out, get
No puedo sacar esto. *I can't get it out.*
Saqué la idea de un libro. *I got the idea from a book.*

76) usar - to use, wear
¿Por qué iba a usar esto? *Why would he use this?*
Deberías usar pantalones. *You should wear pants.*

77) correr - to run
Salió corriendo del sótano. *He ran out of the basement.*
Este niño corre peligro. *This kid is in danger.*

78) levantarse - to get up
Entonces me levanté y fui. *Then I got up and went.*
Levanta tu mano. *Raise your hand.*

79) suceder - to happen
¿Has visto lo que está sucediendo? *Have you seen what's happening?*
¿Cómo sucedió esto? *How did this happen?*

80) responder - to answer, respond
Respondí demasiado rápido. *I answered too quickly.*
No me has respondido. *You didn't answer me.*

81) sonar - to sound
Eso suena divertido. *That sounds fun.*
Sonó bien en mi cabeza. *It sounded good in my head.*

82) escribir - to write
Escribí dos artículos hoy. *I wrote two articles today.*
¿A quién le escribes? *Who are you texting?*

83) traer - to bring
¿Puedes traer algunas bebidas? *Can you bring some drinks?*
¿Has traído más vino? *Did you bring more wine?*

84) jugar - to play
¿No quieres jugar afuera? *Don't you want to play outside?*
No juegues conmigo. *Don't play with me.*

85) olvidar - to forget
Ya había me olvidado. *I had forgotten already.*
Olvidé que tú no bebes. *I forgot that you don't drink.*

86) sonreír - to smile
¿Por qué estás sonriendo? *Why are you smiling?*
Eres bonita cuando sonríes. *You're pretty when you smile.*

87) encantar - to love, like
Me encanta cuando haces eso. *I love when you do that.*
Me encantaría quedarme. *I would love to stay.*

88) funcionar - to function, work
Muéstrame cómo funciona. *Show me how it works.*
Parece que funcionó. *Looks like it worked.*
No ha funcionado. *It hasn't worked.*

89) cerrar - to close, shut
Cierra la puerta. *Close the door.*
Las puertas se están cerrando. *Doors are closing.*

90) decidir - to decide
Aún no he decidido. *I haven't decided yet.*
Decidí ir de compras. *I decided to go shopping.*

91) disculpar - to excuse
Disculpe las molestias. *Sorry for the inconvenience.*
Disculpen, me tengo que ir. *Sorry, guys, I have to go.*

92) mantener - to maintain, keep
Mantén los ojos abiertos. *Keep your eyes open.*
Ella mantuvo su palabra. *She kept her word.*

93) imaginar - to imagine
Nunca lo hubiera imaginado. *I would never have imagined it.*
Mucha más de la que imaginé. *Much more than I imagined.*

94) tocar - to touch, play (instr.)
¿Tengo que tocar eso? *I have to touch that?*
Estoy aprendiendo a tocar la guitarra. *I'm learning to play guitar.*

95) meter - to put
Pueden meterlo en la cárcel. *They can put him in jail.*
Te vas a meter en problemas. *You'll get in trouble.*
Alguien se metió a nuestra casa. *Someone got into our house.*

96) subir - to go up, rise
Mi productividad subió. *My productivity went up.*
Estamos subiendo las escaleras. *We're going up the stairs.*

97) odiar - to hate
Odio las hamburguesas. *I hate hamburgers.*
Odiaba esa camiseta de todas maneras. *I hated that shirt anyway.*

98) comprar - to buy
Ayer me compré un pintalabios. *Yesterday I bought a lipstick.*
¿Compraste leche? *Did you buy milk?*

99) comenzar - to begin, start
El juego comenzó hace horas. *The game started hours ago.*
Comencé a leerlo. *I started reading it.*

100) mover - to move
No te muevas. *Don't move.*
Deja de mover tus pies. *Stop moving your feet.*

101) pagar - to pay
Tengo que pagar la renta. *I have to pay rent.*
Te llevas lo que pagas. *You get what you pay for.*

102) aparecer - to appear, show up
Él apareció en mi hotel. *He showed up at my hotel.*
Has aparecido de la nada. *You appeared out of nowhere.*

103) descubrir - to discover, find out
Pero luego descubrí esta cosa. *But then I discovered this thing.*
¿Qué has descubierto? *What have you found out?*

104) despertar - to wake up
No podía despertarte. *I couldn't wake you.*
Me desperté a las nueve de la mañana. *I woke up at nine am.*

105) prometer - to promise
Prometo que no la llamaré. *I promise I won't call her.*
Me prometí a mí mismo. *I promised myself.*

106) recibir - to receive, get
Recibí un mensaje extraño. *I got a weird message.*
Sigo recibiendo llamadas. *I keep getting calls.*

107) regresar - to return
Acaba de regresar del hospital. *He just returned from the hospital.*
Regresé hace un par de horas. *I got back a couple hours ago.*

108) parar - to stop
Se me paró el corazón. *My heart stopped.*
No voy a parar. *I will not stop.*

109) detener - to stop, arrest
Se detuvo y me miró. *He stopped and looked at me.*
Él sabe que puede ser detenido. *He knows he can be arrested.*

110) ganar - to win, earn, gain
Todavía podemos ganar esto. *We can still win this.*
Yo me gané ese dinero. *I earned that money.*

111) desaparecer - to disappear
Ella desapareció por aquí. *She disappeared around here.*
Nadie desaparece sólo así. *Nobody just disappears.*

112) explicar - to explain
¿Nadie te lo explicó? *Nobody explained it to you?*
Algún día te lo explicaré. *Someday I'll explain it to you.*

113) confiar - to trust
¿No confías en mí? *You don't trust me?*
No confío en ese tipo. *I don't trust that guy.*

114) resultar - to be, turn out
Tu nombre me resulta conocido. *Your name is familiar to me.*
Resulta bastante fácil. *It's quiet easy.*
¿Cómo resultó? *How did it turn out?*

115) convertirse - to become
Ella se convirtió en madre. *She became a mother.*
Me has convertido en bruja. *You've turned me into a witch.*

116) contestar - to answer
No tengo que contestar. *I don't have to answer.*
No contesta su celular. *He's not answering his cell phone.*

117) soler - to usually do
Solía beber esto. *I used to drink this.*
No suelo hacer esto. *I don't usually do this.*
Eso es lo que suele pasar. *That's what usually happens.*

118) desear - to wish, want
Desearía que estuvieras aquí. *I wish you were here.*

¿Con quién desea hablar? *Who do you want to talk to?*

119) referir - to refer
¿A qué te refieres? *What do you mean?*
A eso me refiero. *That's what I mean.*

120) andar - to go, be
Algo anda mal. *Something is wrong.*
¿Cómo andas? *How is it going?*
¿Te gusta andar en bicicleta? *Do you like to ride a bicycle?*

121) salvar - to save
Nuestro amor nos salvó. *Our love saved us.*
Un dispositivo que salva vidas. *A device that saves lives.*

122) tirar - to throw, pull
Me tiró al suelo. *He threw me to the ground.*
Hemos tirado la basura. *We took out the garbage.*

123) gritar - to shout, scream
Ella gritó cuando lo vio. *She screamed when she saw him.*
¿Por qué me estás gritando? *Why are you shouting at me?*

124) acercarse - to approach
Entonces él se acercó a ella. *Then he approached her.*
Se acercaba a la puerta. *She drew closer to the door.*

125) quitar - to remove, take off
Quita las manos de encima. *Get your hands off me.*
Se quitó los calcetines. *He took off his socks.*

126) enviar - to send
Él me envió un código. *He sent me a code.*
Te envié tres mensajes de texto. *I sent you three text messages.*

127) continuar - to continue

¿Estás listo para continuar? *Are you ready to continue?*
La vida continua. *Life goes on.*

128) cubrir - to cover

Tengo que cubrir mis gastos. *I have to cover my expenses.*
Cubre tu cara. *Cover your face.*

129) mentir - to lie

Yo no estaba mintiendo. *I was not lying.*
Supongo que me mintió. *I guess he lied to me.*

130) robar - to steal

¿Me robaste la tarjeta de crédito? *You stole my credit card?*
Dos tipos robaron mi tienda. *Two guys robbed my store.*

131) perdonar - to forgive

Tenemos que perdonar y olvidar. *We have to forgive and forget.*
Ella nunca me perdonará. *She will never forgive me.*

132) aprender - to learn

Todavía estoy aprendiendo. *I'm still learning.*
Lo aprendí de ella. *I learned it from her.*

133) observar - to observe, watch

Te he estado observando. *I've been watching you.*

134) dirigir - to direct, head

¿Quién dirigirá la compañía? *Who will run the company?*
¿Hacia dónde te diriges? *Where you headed?*

135) respirar - to breathe

No podía respirar. *I couldn't breathe.*
Salió y respiró el aire. *He went outside and breathed the air.*

136) asegurar - to ensure
Quiero asegurarme de que está bien. *I want to make sure he's okay.*
Le aseguro que no es así. *I assure you it's not like that.*

137) marcharse - to leave, go away
Ellos decidieron marcharse. *They decided to leave.*
¿Vio con quién se marchó? *Did you see who he left with?*

138) permitir - to allow
Si me permites decir. *If you allow me to say.*
¿No está permitido? *It's not allowed?*

139) comprender - to understand, comprise
No comprendo. *I don't understand.*
Nunca comprendí la diferencia. *I never understood the difference.*

140) disparar - to shoot
A este hombre no le dispararon. *This man wasn't shot.*
No quiero que te disparen. *I don't want you getting shot.*

141) servir - to serve
No sirve de nada. *It's no use.*
¿En qué puedo servirle? *How can I help you?*

142) reír - to laugh
Ninguna de las chicas se rió. *None of the girls laughed.*
¿Por qué te estás riendo? *Why are you laughing?*

143) llorar - to cry
Yo no podía dejar de llorar. *I could not stop crying.*
No llores por mí. *Don't cry for me.*

144) caminar - to walk
Vamos a caminar. *Let's take a walk.*
No camina lejos de mí. *Don't walk away from me.*

145) aceptar - to accept

Ella está dispuesta a aceptarlo. *She is willing to accept it.*

Acepté su oferta. *I accepted his offer.*

146) beber - to drink

¿Has estado bebiendo? *Have you been drinking?*

Bebí una botella de agua. *I drank a bottle of water.*

147) soltar - to release, drop

¿Por qué no sueltas el teléfono? *Why don't you drop the phone?*

¡Suéltame! *Let me go!*

148) existir - to exist, be

No existe algo así. *There's no such thing.*

Sabía que existía la posibilidad. *I knew there was a possibility.*

149) preferir - to prefer

Yo prefiero la otra opción. *I prefer the other option.*

Preferiría no hablar de ello. *I'd rather not talk about it.*

150) evitar - to avoid, prevent

¿Por qué me has estado evitando? *Why have you been avoiding me?*

No pude evitarlo. *I couldn't help it.*

151) callar - to keep quiet

Dile que se calle. *Tell him to shut up.*

No me mandes callar. *Don't tell me to shut up.*

152) escapar - to escape

Se escapó de su habitación. *He escaped from his room.*

No podrías haber escapado. *You couldn't have gotten away.*

153) notar - to notice

¿Por qué no lo noté? *Why didn't I notice that?*

Nadie parece notarlo. *Nobody seems to notice.*

154) bastar - to be enough

Basta de hablar de eso. *Stop talking about this.*

Basta que subas esa escalera. *Just go up those stairs.*

155) mostrar - to show, display

Te voy a mostrar algo. *I will show you something.*

Se mostró muy comprensivo. *He was really understanding.*

156) romper - to break

Se rompió la mano. *He broke his hand.*

Rompí con mi novia. *I broke up with my girlfriend.*

157) limpiar - to clean, wipe

Estoy limpiando la mesa. *I'm cleaning the table.*

Yo intenté limpiarlo. *I tried to clean it.*

158) merecer - to deserve

Ella merece algo mejor. *She deserves something better.*

Me lo merezco. *I deserve it.*

159) arreglar - to fix, arrange

Necesitas arreglar esto. *You need to fix this.*

Estaba arreglando su bicicleta. *I was fixing his bike.*

160) guardar - to save, keep

¿Puede guardar un secreto? *Can you keep a secret?*

Yo lo guardaré para ti. *I will keep it for you.*

161) vender - to sell

Los venden en los clubs. *They sell them in clubs.*

Vendí mi empresa. *I sold my company.*

162) presentar - to introduce, present, show

Quiero presentarte a alguien. *I want to introduce you to someone.*

Esta mañana no se presentó. *He didn't show up this morning.*

163) conducir - to lead; drive (Spa)
¿Puedes conducir más rápido? *Can you drive faster?*
Conduce con cuidado. *Drive carefully.*

164) proteger - to protect
Estoy tratando de protegerte. *I'm trying to protect you.*

165) enseñar - to teach, show
Ella me enseñó todo lo que sé. *She taught me everything I know.*
Quiero enseñarte algo. *I want to show you something.*

166) probar - to try, taste, test
¿Te gustaría probarlo? *Would you like to try it?*
Necesito probar mi teoría. *I need to test my theory.*

167) saltar - to jump, skip
No van a saltar. *They won't jump.*
Se saltó la señal de alto. *He skipped the stop sign.*

168) apartar - to set aside
No podía apartar la mirada. *I couldn't look away.*
No puedes apartarlo de mí. *You can't take him away from me.*

169) recoger - to collect, pick up
Un amigo me va a recoger. *A friend will pick me up.*
La recogí del aeropuerto. *I picked her up from the airport.*

170) reconocer - to recognize, acknowledge
No reconozco ese número. *I don't recognize that number.*
Creí que me habías reconocido. *I thought you recognized me.*

171) besar - to kiss
Ella me besó en la mejilla. *She kissed me on the cheek.*
¿Has besado a ese chico? *Did you kiss that boy?*

172) crear - to create
Sé lo que he creado. *I know what I've created.*
Creó un negocio familiar. *He created a family business.*

173) lanzar - to launch, throw
Acaban de lanzarlo hoy. *They just launched it today.*
Me lanzó por los aires. *He threw me into the air.*

174) cortar - to cut
No me voy a cortar el pelo. *I'm not cutting my hair.*
Lo cortó en pedazos. *He cut it into pieces.*

175) lograr - to achieve
Hay muchas maneras de lograrlo. *There are many ways to achieve it.*
No lo logré esta vez. *I didn't make it this time.*

176) cenar - to dine
¿Te gustaría cenar conmigo? *Would you have dinner with me?*

177) casar - to marry
Tú acabaste de casarte. *You've just got married.*
¿Te casarías conmigo? *Will you marry me?*

178) bromear - to joke
No bromeo. *I'm not joking.*
Tienes que estar bromeando. *You got to be kidding.*

179) temer - to fear
Temo que no puedo hacerlo. *I'm afraid I can't do that.*
Todo el mundo le temía. *Everyone was afraid of him.*

180) cruzar - to cross
Ese pensamiento cruzó mi mente. *The thought did cross my mind.*
Crucé la línea. *I crossed the line.*

181) cuidar - to take care
Cuida a esta niña. *Take care of this girl.*
Está bien, cuídate. *All right, take care.*

182) alejarse - to move away
Aléjate de mí. *Get away from me.*
Se levantó y se alejó. *He got up and walked away.*

183) colgar - to hang
Puedes colgar tu ropa aquí. *You can hang your clothes here.*
Mi computadora se colgó. *My computer froze.*

184) apoyar - to support
Él la apoyó en su decisión. *He supported her in her decision.*
Yo siempre te he apoyado. *I have always supported you.*

185) volar - to fly
No tengo miedo de volar. *I'm not afraid to fly.*
No todas las aves vuelan. *Not all birds fly.*

186) sufrir - to suffer
No quería verte sufrir. *I didn't want to see you suffer.*
Estaban sufriendo mucho. *They were suffering a lot.*

187) añadir - to add
¿Quieres añadir algo más? *Do you want to add something else?*

188) preparar - to prepare
Estoy preparando la cena. *I'm preparing dinner.*
Prepárate para correr. *Get ready to run.*

189) mandar - to send, order
Me mandó un mensaje de texto. *He sent me a text message.*
Mejor mandarles a mi casa. *Better to send them to my home.*

190) asesinar - to murder
Él asesinó a mi hijo. *He murdered my son.*

191) jurar - to swear, vow
Juro que no lo hice. *I swear I didn't do it.*
Juré que nunca lo contaría. *I swore I would never tell.*

192) oler - to smell
El café huele bien. *Coffee smells good.*
La habitación olía mal. *The room smelled bad.*

193) disfrutar - to enjoy
Tengo dos días para disfrutar. *I have two days to enjoy.*
Estás disfrutando esto, ¿no? *You're enjoying this, aren't you?*

194) comprobar - to check
Voy a comprobar mañana. *I'll check tomorrow.*
La última vez que lo comprobé. *The last time I checked.*

195) doler - to hurt, ache
Realmente me duele a veces. *It really hurts sometimes.*
No me dolía tanto. *It didn't hurt so much.*

196) ofrecer - to offer
Le ofreció un trabajo. *He offered him a job.*
Se ha ofrecido a ayudar. *He has offered to help.*

197) golpear - to hit, beat
Ella golpeó a este tipo. *She hit this guy.*
Lo golpearon muy duro. *They hit him very hard.*

198) actuar - to act
Nadie sabía cómo actuar. *No one knew how to act.*
Estás actuando como un loco. *You're acting crazy.*

199) esconder - to hide

Estás escondiendo algo. *You're hiding something.*

No tengo nada que esconder. *I have nothing to hide.*

200) cantar - to sing

No vienen a oírnos cantar. *They don't come to hear us sing.*

Él cantó su propia canción. *He sang his own song.*

Adjectives 1-150

1) buen(o) - good
Hiciste un buen trabajo. *You did a good job.*
Tengo buena imaginación. *I have good imagination.*
Eso es bastante bueno. *That's pretty good.*

2) otro - another, other
Tengo otra camisa. *I have another shirt.*
Puedes tener otros amigos. *You can have other friends.*

3) solo - alone
Ninguno de nosotros está solo. *None of us is alone.*
Quiero hablar con ella a solas. *I want to talk to her alone.*

4) mejor - better
No son mejores que yo. *They are not better than me.*
Es el mejor día de mi vida. *It's the best day of my life.*

5) nuevo - new
Sigo aprendiendo cosas nuevas. *I keep learning new things.*

6) primer(o) - first
En nuestro primer viaje. *On our first trip.*
Es la primera vez que veo esto. *It's the first time I see this.*
Déjame beber algo primero. *Let me drink something first.*

7) seguro - safe, sure
No es seguro estar aquí. *It's not safe to be here.*
¿Cómo puedes estar seguro? *How can you be sure?*

8) gran(de) - big, large, great
Tenemos problemas más grandes. *We have bigger problems.*
Esa fue una gran noche. *That was a great night.*

9) claro - clear, light
A mí me parece muy claro. *It seems very clear to me.*
Claro que no. *Of course not.*

10) pequeño - small, little
Te tengo un pequeño regalo. *I have a small gift for you.*
Desde que era pequeña. *Since I was little.*

11) último - last
Por los últimos dos años. *For the last two years.*
Igual que la última vez. *Same as the last time.*

12) pasado - past, last
Nos conocimos el año pasado. *We met last year.*
Lo arreglé la semana pasada. *I fixed it last week.*

13) único - only, unique
Es lo único que importa. *It's the only thing that matters.*

14) cierto - certain, true
Eso no es cierto. *That's not true.*
Necesito ciertas cosas. *I need certain things.*

15) bajo - low, short
¿Están demasiado bajas? *Are they too low?*
Era más bajo que yo. *He was shorter than me.*
Todo está bajo control. *It's all under control.*

16) muerto - dead
Creí que él estaba muerto. *I thought he was dead.*

17) serio - serious
Es una pregunta seria. *It's a serious question.*
¿En serio? *Seriously?*

18) mal(o) - bad

Un mal día realmente. *A really bad day.*
No es una mala vista. *Not a bad view.*
¿Qué tiene de malo? *What's wrong with it?*

19) listo - ready, smart

¿Seguro que estás listo? *Are you sure you're ready?*
Es un tipo listo. *He's a smart guy.*

20) viejo - old

Es un viejo amigo mío. *He's an old friend of mine.*

21) loco - crazy, mad

¿Estas loco? *Are you crazy?*
Me vuelve loco. *It drives me crazy.*

22) propio - own

Quiero tocar mi propia música. *I want to play my own music.*

23) genial - brilliant

Eso estaría genial. *That would be great.*
Te ves genial. *You look great.*

24) alto - high, tall, loud

Él pagó un alto precio. *He paid a high price.*
Uno de ellos era muy alto. *One of them was very tall.*
No lo digas en voz alta. *Don't say it out loud.*

25) feliz - happy

Me siento muy feliz. *I feel very happy.*
Eran muy felices juntos. *They were very happy together.*

26) importante - important

Nos recuerda lo que es importante. *It reminds us what's important.*

27) largo - long
Es una larga historia. *It's a long story.*

28) rápido - fast, quick
¿Por qué manejas tan rápido? *Why are you driving so fast?*

29) posible - possible
Te llamaré lo antes posible. *I'll call you as soon as possible.*
Tan pronto como sea posible. *As soon as possible.*

30) suficiente - enough, sufficient
Tenemos suficiente comida. *We have enough food.*

31) difícil - difficult, hard
No debería ser muy difícil. *It shouldn't be very difficult.*

32) extraño - strange, weird
Puede sonar extraño, pero... *It may sound strange, but...*

33) igual - equal
Eres igual que tu hermano. *You're just like your brother.*

34) vivo - alive
Tienes suerte de seguir vivo. *You're lucky to stay alive.*

35) fuerte - strong
Eres una candidata muy fuerte. *You're a very strong candidate.*

36) blanco - white
Nosotros queremos cuero blanco. *We want white leather.*

37) mayor - bigger, older
Es mi mayor problema. *It's my biggest problem.*
Es la mayor de las niñas. *She's the oldest of the girls.*

38) joven - young
Eres muy joven para mi. *You're too young for me.*
Eran tan jóvenes. *They were so young.*

39) negro - black
Estoy pintando esta pared de negro. *I'm painting this wall black.*

40) duro - hard
No quería que fuera más duro. *I didn't want it to be harder.*

41) peor - worse
No existe nada peor. *There's nothing worse.*
Uno de los peores pecados. *One of the worst sins.*

42) perfecto - perfect
Quiero que sea perfecto. *I want it to be perfect.*

43) fácil - easy
Es más fácil de lo que piensas. *It's easier than you think.*

44) lleno - full
La vida está llena de alegría. *Life is full of joy.*

45) raro - strange, rare
Creí que era un poco raro. *I thought it was a bit strange.*
Una rara criatura mitológica. *A rare mythological creature.*

46) siguiente - following
Escribió el siguiente mensaje. *He wrote the following message.*

47) bonito - pretty
Dijiste que me veía bonita. *You said I looked beautiful.*

48) capaz - able, capable
Deberías ser capaz de usar esto. *You should be able to use this.*

49) abierto - open
Me gustan los espacios abiertos. *I like open spaces.*

50) tranquilo - quiet, calm
Este lugar es muy tranquilo. *This place is very quiet.*
Quiero que te quedes tranquila. *I want you to stay calm.*

51) rojo - red
Me puse una camisa roja. *I put on a red shirt.*

52) libre - free
Tenemos una habitación libre. *We have a free room.*

53) humano - human
Es la naturaleza humana. *It's human nature.*

54) divertido - funny
Esto va a ser divertido. *This is gonna be fun.*

55) diferente - different
Me gustan las cosas diferentes. *I like different things.*

56) oscuro - dark
El lado oscuro de la luna. *The dark side of the moon.*

57) correcto - correct, right
¿Es esta la calle correcta? *Is this the right street?*

58) próximo - next
¿Cuál es el próximo paso? *What's the next step?*

59) frío - cold
La cerveza está muy fría. *The beer is very cold.*

60) especial - special
No necesito nada especial. *I don't need anything special.*

61) real - real, royal
Porque eso no sonaba real. *Because that didn't sound real.*

62) interior - interior, inner
Debería escuchar mi voz interior. *I should listen to my inner voice.*

63) varios - several
Tengo varios tipos de bebidas. *I have several kinds of drinks.*

64) estúpido - stupid
Cometí un error estúpido. *I made a stupid mistake.*

65) preparado - prepared, ready
No estoy preparado para esto. *I'm not ready for this.*

66) hermoso - beautiful
Ambas son muy hermosas. *You both are very beautiful.*

67) normal - normal
Tu presión sanguínea es normal. *Your blood pressure is normal.*

68) verdadero - true, real
Este era su verdadero propósito. *This was their true purpose.*
¿Cuál es la verdadera historia? *What's the real story?*

69) azul - blue
Ella lleva un uniforme azul. *She's wearing a blue uniform.*

70) lindo - nice, cute
Qué lindo que haya venido. *How nice of you to come.*
Muy linda pareja. *Very cute couple.*

71) increíble - amazing, incredible
La comida es siempre increíble. *The food is always amazing.*

72) completo - complete

Me olvidé por completo de ellos. *I completely forgot about them.*

73) dulce - sweet

Eres una persona muy dulce. *You're a very sweet person.*

74) antiguo - old, former, ancient

Volvió a su antiguo vecindario. *He returned to his old neighborhood.*

75) derecho - right

Levante la mano derecha. *Raise your right hand.*

76) maravilloso - wonderful

Tuvimos una idea maravillosa. *We had a wonderful idea.*

77) enorme - huge

Esta es una compra enorme. *This is a huge purchase.*

78) tonto - silly, foolish

El cartel es un poco tonto. *The poster is a bit silly.*

79) cerrado - closed

El caso no está cerrado aún. *The case is not closed yet.*

80) imposible - impossible

Todos pensaron que era imposible. *Everyone thought it was impossible.*

81) bienvenido - welcome

Bienvenidos a nuestra casa. *Welcome to our home.*

82) general - general

Por lo general, éstas ayudan. *These usually help.*

83) verde - green

¿Me puedes dar mi bolsa verde? *Can I get my green bag?*

84) equivocado - wrong, mistaken
Se sentó en la mesa equivocada. *He sat at the wrong table.*

85) nervioso - nervous
Estoy un poco nervioso. *I'm a little bit nervous.*

86) vacío - empty
Una caja completamente vacía. *A completely empty box.*

87) necesario - necessary
Haré lo que sea necesario. *I will do whatever it takes.*

88) ocupado - busy, occupied
Bueno, he estado ocupado. *Well, I've been busy.*

89) enfermo - sick, ill
Mi amigo está muy enfermo. *My friend is very sick.*

90) pobre - poor
No era el pobre muchacho. *I wasn't the poor kid.*

91) horrible - horrible, awful
Tengo esta horrible sensación. *I have this horrible feeling.*

92) casado - married
Estuvieron casados por dos años. *They were married for two years.*

93) cansado - tired
No estoy tan cansado. *I'm not so tired.*

94) limpio - clean
Lo mantengo limpio y ordenado. *I keep it clean and tidy.*

95) izquierdo - left
El autobús girará a la izquierda. *The bus will turn left.*

96) terrible - terrible

Dijeron que harían cosas terribles. *They said they'd do terrible things.*

97) público - public

Los principales transportes públicos. *The main public transport.*

98) interesante - interesting

Porque eso no sería interesante. *Because that wouldn't be interesting.*

99) dispuesto - willing, ready

Estoy dispuesto a hacer cualquier cosa. *I'm willing to do anything.*

100) familiar - family, familiar

Tengo algunos problemas familiares. *I have some family problems.*
Todo esto luce familiar. *This all looks familiar.*

101) entero - whole, entire

Yo necesito el producto entero. *I need the entire product.*

102) caliente - hot

No hay agua caliente en la ducha. *There's no hot water in the shower.*

103) peligroso - dangerous

No salgas, es peligroso. *Don't go out, it's dangerous.*

104) profundo - deep

Cada vez busco más profundo. *Every time I look deeper.*

105) precioso - beautiful, precious

Tienen dos niñas preciosas. *They have two beautiful girls.*

106) enojado / enfadado - angry (L.Am/Spa)

Sé que todavía estás enojado. *I know you're still angry.*

Supongo que él estaba enfadado. *I guess he was angry.*

107) corto - short
El día más corto del año. *The shortest day of the year.*

108) personal - personal
Estaba con sus objetos personales. *He was with his personal items.*

109) guapo - pretty, handsome
Es una chica muy guapa. *She's a very pretty girl.*
Hay muchos tipos guapos. *There are many handsome guys.*

110) simple - simple
Deberíamos usar algo simple. *We should use something simple.*

111) triste - sad
Eso me pone triste. *That makes me sad.*

112) molesto - annoying, upset
El ruído es molesto. *The noise is annoying.*
¿Por que estás tan molesto? *Why are you so upset?*

113) agradable - pleasant, nice
El lugar era muy agradable. *The place was very nice.*
Qué agradable sorpresa. *What a pleasant surprise.*

114) roto - broken
Tu teléfono debe estar roto. *Your phone must be broken.*

115) distinto - different, distinct
Creí que eran todos distintos. *I thought they were all different.*

116) fantástico - fantastic
El vestido se veía fantástico. *The dress looked fantastic.*

117) justo - fair
Esto no es justo. *This is not fair.*

118) amable - kind, friendly
Es muy amable de su parte. *It's very kind of you.*
Parece bastante amable. *He seems pretty friendly.*

119) desnudo - naked
No quiero que me veas desnudo. *I don't want you to see me naked.*

120) orgulloso - proud
Estoy orgulloso de ti. *I'm proud of you.*

121) asustado - scared, frightened
Estaba un poco asustado al inicio. *I was a little scared at the beginning.*

122) suave - smooth, soft, mild
Necesitaba una cama suave. *I needed a soft bed.*
Tienen fiebres suaves. *They have mild fevers.*

123) principal - main
Estamos en la calle principal. *We're on the main street.*

124) encantado - delighted
Tu esposo estará encantado. *Your husband will be delighted.*

125) favorito - favorite
Uno de mis libros favoritos. *One of my favorite books.*

126) anterior - previous
En nuestra conversación anterior. *In our previous conversation.*

127) contrario - contrary
Tiene el efecto contrario. *It has the opposite effect.*
De lo contrario me volveré loco. *Otherwise, I will go crazy.*

128) enamorado - in love
Estoy enamorada de él. *I'm in love with him.*

129) brillante - bright, brilliant
He visto luces brillantes. *I've seen bright lights.*
Esta es una historia brillante. *This is a brilliant story.*

130) contento - happy, pleased
No pareces muy contento de vernos. *You don't seem happy to see us.*

131) gracioso - funny
Eso fue bastante gracioso. *That was pretty funny.*

132) rico - rich, delicious
No importa lo rico que seas. *No matter how rich you are.*
¡Qué rico! *Yummy!*

133) absoluto - absolute
Ella no es así en absoluto. *She is not like that at all.*
Nada cambia en lo absoluto. *Nothing changes whatsoever.*

134) embarazada - pregnant
Ella quedó embarazada dos veces. *She got pregnant twice.*

135) paciente - patient
Estoy siendo muy paciente. *I'm being very patient.*

136) herido - injured
Afortunadamente nadie resultó herido. *Fortunately, no one was hurt.*

137) falso - false
No sabía que era falso. *I didn't know it was fake.*

138) estupendo - great, fantastic
Tienen un apartamento estupendo. *They have a great apartment.*

Eso sería estupendo. *That would be great.*

139) parecido - similar, like
Tú y yo somos parecidas. *You and I are similar.*
Nunca he visto nada parecido. *I've never seen anything like this.*

140) sorprendido - surprised
No creo que se haya sorprendido. *I don't think he was surprised.*

141) menor - smaller, younger
¿Conoces a mi hermano menor? *You know my younger brother?*
No tenía la menor idea. *I haven't the slightest idea.*

142) excelente - excellent
He oído que son excelentes cocineros. *I heard they're excellent cooks.*

143) complicado - complicated
Eso sería sumamente complicado. *That would be extremely complicated.*

144) secreto - secret
Hay una entrada secreta. *There is a secret entrance.*

145) exacto - exact
Te voy a dar el cambio exacto. *I'll give you the exact change.*

146) sucio - dirty
Tengo las manos un poco sucias. *My hands are a little dirty.*

147) culpable - guilty
No necesitas sentirte culpable. *You don't need to feel guilty.*

148) profesional - professional
Es una actriz profesional. *She is a professional actress.*

149) inteligente - smart, intelligent

Ella toma decisiones inteligentes. *She makes intelligent decisions.*

150) desconocido - unknown

Por alguna razón desconocida. *For some unknown reason.*

Other words 1-150

1) el, la -- los, las - the
Están en el bosque. *They're in the forest.*
Dame las llaves. *Give me the keys.*

2) de (del) - of, from (the)
¿De dónde eres? *Where are you from?*
Es parte de la familia. *It's part of the family.*
En esta parte del mundo. *In this part of the world.*

3) que - that, than
El libro que me diste. *The book you gave me.*
Era más grande que yo. *He was bigger than me.*

4) a (al) - to, at (the)
Vamos a la playa. *Let's go to the beach.*
Quiero ir al teatro. *I want to go to the theater.*
La oferta expira a medianoche. *Offer expires at midnight.*

5) no - no, not
No me recuerdas, ¿no? *You don't remember me, do you?*

6) un, una - a, one, a few (pl.)
Es una buena idea. *It's a good idea.*
Necesito unos detalles. *I need a few details.*

7) y - and
No todo es blanco y negro. *Not everything is black and white.*

8) en - in, on, by
Tenemos mucho en común. *We have much in common.*
Ponlo en la mesa. *Put it on the table.*
Ella llegó en coche. *She arrived by car.*

9) lo - it, him, the
Ahora lo veo claro. *Now I see it clearly.*
No lo/la conozco. *I don't know him/her.*
Lo mismo que la última vez. *The same as the last time.*

10) me - me
¿Me ayudarás? *Will you help me?*
Escúchame. *Listen to me.*
Me gusta tu abrigo. *I like your coat.*

11) por - for, by
Pagué por el sándwich. *I paid for the sandwich.*
Perdí el trabajo por tu culpa. *I lost the job because of you.*
Un libro escrito por... *A book written by...*

12) se - itself
Se marchó solo. *He left alone.*
¿Cómo se llama? *What's it called?*

13) con - with
Estoy aquí con mi esposa. *I'm here with my wife.*

14) su - his, her, your (formal)
Sus dos hijas. *His/Her two daughters.*
¿Dónde está su hermano? *Where is your brother?*

15) qué - what
¿Qué estás haciendo? *What are you doing?*
Qué gusto verte. *How nice to see you.*

16) para - for, to
¿Eso es para mí? *Is that for me?*
Vine aquí para hablar. *I came here to talk.*

17) mi - my
¿Has visto a mi gato? *Have you seen my cat?*

Con mis propias manos. *With my own hands.*

18) te - you (informal)
¿No te acuerdas? *Don't you remember?*
Te llamaré más tarde. *I'll call you later.*

19) todo, toda - all, every
Esperé toda la semana. *I waited all week.*
Casi todos los días. *Almost every day.*
Todo esto va a cambiar. *All this will change.*

20) pero - but
Pero lo necesito. *But I need it.*

21) si - if
Si tu quieres saber. *If you want to know.*
No sé si él pueda. *I don't know if he can.*

22) le - to him, to her, to you
A ella no le gusta mi hermana. *She doesn't like my sister.*
Les gustan las flores. *They like flowers.*
Le diré la verdad. *I will tell you the truth.*

23) este, esta - this
Este es mi trabajo. *This is my job.*
Esta era una idea loca. *This was a crazy idea.*
No quiero estos zapatos. *I don't want these shoes.*

24) como - as, like
Como decía. *As I was saying.*
He visto casos como este. *I've seen cases like this.*

25) yo - I
Yo estaré aquí. *I will be here.*

26) tu - your (informal)

¿Dónde está tu novio? *Where is your boyfriend?*

¿Cuáles son tus planes? *What are your plans?*

27) sí - yes

Sí, estoy seguro. *Yes, I'm sure.*

28) más - more

Unos pocos días más. *A few more days.*

No hagas eso nunca más. *Don't do that anymore.*

29) eso - that (neuter)

Eso es bueno. *That's good.*

Pruébate esos zapatos. *Try those shoes.*

Por eso me gustas. *That's why I like you.*

30) bien - well, good

Me siento muy bien. *I feel very good.*

¿Está todo bien? *Is everything okay?*

Bien, vamonos. *All right, let's go.*

31) ese, esa - that

¿Te gusta esa pintura? *Do you like that painting?*

Necesito ese trabajo. *I need that job.*

Me encantan esos lentes. *I love those glasses.*

32) él - he, it

Él está en el techo. *He's on the roof.*

Ellos me ayudarán. *They will help me.*

33) aquí - here

No puedes fumar aquí. *You can't smoke in here.*

Aqui tienes. *Here you go.*

34) esto - this (neuter)

¿Sabes qué es esto? *Do you know what this it?*

Él va a amar esto. *He's going to love this.*

35) cuándo - when
¿Cuándo es tu examen? *When is your test?*
Estuve allí cuando ocurrió. *I was there when it happened.*
De vez en cuando. *Once in a while.*

36) ya - already
Ya tengo dos hijos. *I already have two children.*
¿Ya viste la piscina? *Have you seen the pool?*
Ya, ya, lo capto. *Yeah, yeah, I get it.*

37) ella - she, it
Ella sólo piensa en sí misma. *She thinks only of herself.*
Ellas hicieron todo eso. *They did all that.*

38) algo - something
¿Quieres algo de beber? *Do you want something to drink?*
¿Algo más? *Anything else?*

39) o - or
¿Es bueno o malo? *Is it good or bad?*

40) ahora - now
Ahora no hay diferencia. *Now it makes no difference.*
¿Ahora mismo? *Right now?*

41) así - like this, so
Bueno, algo así. *Well, something like that.*
Así es como funciona. *That's how it works.*
Así que fui a verla. *So I went to see her.*

42) muy - very
Es muy fácil. *It's very easy.*
Eres muy creativo. *You're very creative.*

43) mucho - a lot, many (pl.)
Hay mucho que hacer. *There's a lot to do.*
Tengo muchos clientes. *I have many clients.*
¿Hay mucha gente? *Are there many people?*

44) nada - nothing
Él no hizo nada. *He did nothing.*
De nada. *You're welcome.*

45) tú - you (informal)
¿Tú odias esta canción? *You hate this song?*
Tú también me gustas. *I like you too.*

46) usted - you (formal)
Usted es un extranjero. *You're a foreigner.*
Quizás usted pueda ayudarme. *Maybe you could help me.*

47) vosotros / ustedes - you (informal pl.) (Spa/L.Am)
¿Y vosotros qué estais haciendo? *And what are you doing?*
Ustedes dos, vengan aquí. *You two, come here.*

48) nos - us
Eso fue lo que nos dio. *That's what he gave us.*
No nos conocíamos. *We didn't know each other.*

49) sólo - only, just
Sólo sucede una vez. *It only happens once.*
Sólo quiero dar un paseo. *I just want to take a walk.*

50) porque - because
Porque quería ir contigo. *Because I wanted to go with you.*

51) cómo - how
¿Cómo funciona esto? *How does this work?*
¿Viste cómo lo hicieron? *Did you see how they did it?*

52) dónde - where

¿Dónde estuviste anoche? *Where were you last night?*

Tú no tienes a donde ir. *You have nowhere to go.*

53) sobre - about, on

Quiero saber sobre eso. *I want to know about it.*

Lo dejé sobre la mesa. *I left it on the table.*

54) quién - who

¿Quién lo escribió? *Who wrote it?*

¿Quienes son ellos? *Who are they?*

Fue él quien me lo vendió. *It was he who sold it to me.*

55) sin - without

Treinta días sin sueldo. *Thirty days without pay.*

56) algún, alguna - some

Tengo algunos consejos. *I have some advice.*

¿Alguna otra pregunta? *Any other question?*

Hace algunas semanas. *Some weeks ago.*

57) tan - so

Estoy tan feliz de que hayas venido. *I'm so happy you came.*

58) gracias - thank you!

Muchas gracias. *Thank you very much.*

59) entonces - then, so

Entonces te diré qué hacer. *Then I'll tell you what to do.*

Entonces, ¿qué estás diciendo? *So what are you saying?*

60) nuestro, nuestra - our

Es nuestra oportunidad. *It's our chance.*

61) mismo - same

Es lo mismo. *It's the same.*

Tenemos casi la misma edad. *We're about the same age.*
Tú mismo lo dijiste. *You said so yourself.*

62) hasta - until, even
Dormiré hasta el mediodía. *I'll sleep until noon.*
Hasta entonces, somos tu y yo. *Until then, it's you and me.*
Hasta los domingos. *Even on Sundays.*

63) poco - little, few (pl.)
Soy un poco curioso. *I'm a little curious.*
Sólo un poquito. *Just a little bit.*
En pocas palabras. *In a nutshell.*

64) mí - me
¿Es para ti o para mí? *Is that for you or for me?*
Ven a mí. *Come to me.*

65) nunca - never
Nunca estuve de acuerdo con eso. *I never agreed with that.*

66) ni - neither, nor
Ni lo pienses. *Don't even think about it.*
Ni amigos, ni vecinos. *Neither friends, nor neighbors.*

67) hola - hi!, hello!
Hola, ¿cómo estás? *Hi, how are you?*

68) antes - before
He jugado esto antes. *I've played this before.*
Como dije antes. *As I said before.*

69) también - also, too
Es bueno verte también. *Nice to see you too.*

70) alguien - somebody
Encuentra a alguien más. *Find someone else.*

¿Hay alguien en casa? *Anybody home?*

71) siempre - always
Siempre lo haces. *You always do it.*
Siempre te amaré. *I will always love you.*

72) después - after, then
¿Qué pasó después? *What happened after?*
Y después de eso... *And after that...*

73) ti - you
A ti te he estado esperando. *I've been waiting for you.*
¿A ti te encanta? *Do you love it?*

74) desde - since, from
Desde que te conocí. *Since I met you.*
Desde la última vez. *Since last time.*
No le he visto desde entonces. *I haven't seen him since.*

75) ahí - there
¿Qué tienes ahí? *What you got there?*
¿Está ahí arriba? *Is it up there?*

76) mientras - while
Disfruta mientras puedas. *Enjoy while you can.*
Mientras tanto, leé esto. *Meanwhile, read this.*

77) fuera / afuera - outside (--/L.Am)
Puedo salir afuera. *I can go outside.*
¿Siguen ahí afuera? *Are they still out there?*
Se ve fuera de forma. *He looks out of shape.*

78) menos - less, except
Diez minutos, más o menos. *Ten minutes, more or less.*
Al menos lo intenté. *At least I tried.*
Todos lo saben, menos yo. *Everyone knows except me.*

79) nosotros, nosotras - we, us
Nosotras nunca lo vimos. *We never saw him.*
Puedes hablar con nosotros. *You can talk to us.*
No hay nada entre nosotros. *There's nothing between us.*

80) nadie - nobody
Nadie me creyó. *Nobody believed me.*
No se lo digas a nadie. *Don't tell anybody.*

81) tal - such
No hay tal cosa. *There's no such thing.*
Bajo tales circunstancias. *Under such circumstances.*
¿Qué tal esta noche? *How about tonight?*

82) tanto, tanta - so much
Te amo tanto. *I love so much.*
Hemos hecho tantas cosas. *We've done so many things.*
No tanto como tú. *Not as much as you.*

83) cuánto - how much
¿Cuántas cajas? *How many boxes?*
¿Cuánto tiempo vives aqui? *How long do you live here?*
En cuanto me dejaron solo. *As soon as they left me alone.*

84) ningún, ninguna - none
No quiero ningún problema. *I don't want any problems.*
Como ninguna otra. *Like no other.*
Ninguno de ellos lo quiere. *None of them want it.*

85) luego - then, later
Y luego me desperté. *And then I woke up.*
Te llamaré luego. *I'll call you later.*
Hasta luego. *See you later.*

86) entre - between, among
Entre el bien y el mal. *Between good and evil.*

Entre otras cosas. *Among other things.*

87) quizá(s) - maybe, perhaps
Quizás la próxima vez. *Maybe next time.*
Quizá tengas razón. *Maybe you're right.*

88) hacia - toward
Hacia la izquierda. *Toward the left.*
Llegaban directo hacia mí. *They came straight to me.*

89) aún - still, yet, even
Aún no tiene sentido. *It still doesn't make sense.*
No lo terminé aún. *I haven't finished yet.*
Es aún más difícil. *It's even harder.*

90) mío, mía - mine
Lo mío es tuyo. *What's mine is yours.*
La mía me gusta con nata. *I like mine with cream.*

91) aquel, aquella - that
¿Recuerdas aquel día? *Do you remember that day?*
¿Dónde estabas aquella noche? *Where were you that night?*

92) cada - every, each
Cada día es preciado. *Every day is precious.*
Cada vez que vengo dices eso. *Every time I come you say that.*

93) allí - there
No deberías ir allí. *You shouldn't go there.*
Ella va a estar allí. *She will be there.*

94) juntos - together
Pensaba que estaban juntos. *I thought you were together.*
¿Querías que nos viera juntas? *You wanted her to see us together?*

95) demasiado - too much

Trabajas demasiado. *You work too much.*
Nunca es demasiado tarde. *It's never too late.*

96) cualquier - any

Presione cualquier botón. *Press any button.*
Puede estar en cualquier parte. *He can be anywhere.*
De cualquier manera. *Anyway.*

97) aunque - although, even if

Aunque no hay señal. *Although there is no sign.*
Aunque supiera dónde está. *Even if I knew where he was.*

98) realmente - really

Eso sería realmente genial. *That would be really great.*

99) hoy - today

¿Qué te gustaría hacer hoy? *What would you like to do today?*

100) conmigo - with me

Quiero que vengas conmigo. *I want you to come with me.*

101) casi - almost

Casi estamos allí. *We're almost there.*
Casi lo olvido. *I almost forgot.*

102) cuál - which

¿Cuál es el tuyo? *Which one is yours?*
¿Cuál es tu color favorito? *What's your favorite color?*
La mayoría de los cuales... *Most of which...*

103) tarde - late

Es muy tarde para eso. *It's too late for that.*
Tarde o temprano. *Sooner or later.*

104) mal - badly

Me trata muy mal. *He treats me badly.*
Algo anda mal. *Something's wrong.*
¿Ella ha entendido mal? *Did she get that wrong?*

105) tal vez - maybe

Tal vez debería probarlo. *Maybe I should try it.*

106) todavía - still, yet

Todavía oigo esa voz. *I still hear that voice.*
No está en casa todavía. *He's not home yet.*

107) contigo - with you

¿Quieres que vaya contigo? *Do you want me to go with you?*

108) durante - during

Lo he deseado durante años. *I've wanted it for years.*

109) oye - hey!

Oye, escucha. *Hey, listen.*

110) e - and

Es lindo e inteligente. *He's cute and smart.*
Tengo una esposa e hija. *I have a wife and a daughter.*

111) contra - against

No tengo nada contra él. *I have nothing against him.*

112) dentro / adentro - inside (--/L.Am)

¿Hay alguien adentro? *Is there anyone inside?*
Por dentro y por fuera. *Inside and outside.*

113) siquiera - even, at least

Ni siquiera estoy seguro. *I'm not even sure.*
Ni siquiera te conozco. *I don't even know you.*
¿Has pensado siquiera en eso? *Did you even think about that?*

114) pues - well, then
Pues no está nada mal. *Well, it's not bad at all.*
Muy bien pues. *Very good then.*

115) justo - just
Llegó justo a tiempo. *He arrived just in time.*
Es justo lo que necesito. *It's just what I need.*

116) pronto - soon
Regresará pronto. *He'll be back soon.*

117) bastante - enough, quite
Parece bastante simple. *It seems simple enough.*
Eso es bastante interesante. *That's quite interesting.*

118) incluso - even
Incluso si no puedes verlo. *Even if you can't see him.*
Incluso en este mismo momento. *Even at this very moment.*

119) mañana - tomorrow
No importa lo que pase mañana. *No matter what happens tomorrow.*

120) por supuesto - of course
Por supuesto que sí. *Of course I do.*
Por supuesto que lo es. *Of course it is.*

121) atrás - behind, ago, back
Dejemos atrás el pasado. *Let's put the past behind us.*
Dos días atrás. *Two days ago.*
No podemos volver atrás. *We can't go back.*

122) ello - it
Debes ser bueno en ello. *You must be good at it.*
Me ocuparé de ello más tarde. *I'll deal with it later.*

123) además - besides, also

Además, puede que no sepas. *Besides, you may not know.*
Es además muy confuso. *It's also very confusing.*

124) cerca - near, close

Cuando estoy cerca de ti. *When I'm near you.*
Pero estuviste cerca. *But you were close.*

125) os - you (Spa)

Ella os guiará allí. *She will guide you there.*
Os estoy pidiendo ayuda. *I'm asking you for help.*

126) tampoco - either

¿Tampoco podías dormir? *You couldn't sleep, either?*
Tampoco soy de aquí. *I'm not from here either.*
A mí tampoco me habla. *He's not speaking to me either.*

127) encima - over, above

Mira por encima de tu hombro. *Look over your shoulder.*
Con temperaturas por encima de... *With temperatures above...*
Quítame las manos de encima. *Get your hands off me.*

128) tras - after, behind

Vienes aquí día tras día. *You come here day after day.*
Y cierra la puerta tras de ti. *And close the door behind you.*

129) arriba - above

Intentarlo desde arriba. *Try it from above.*
Hay un hombre allí arriba. *There's a man up there.*
¿Qué estás haciendo aquí arriba? *What are you doing up here?*

130) exactamente - exactly

No fue exactamente así. *It wasn't exactly like that.*

131) simplemente - simply

No puedo simplemente ignorarlo. *I can't simply ignore that.*

132) debajo / abajo - under, below (--/L.Am)
Mira debajo de la cama. *Look under the bed.*
Estaré abajo en unos minutos. *I'll be down in a few minutes.*

133) tuyo, tuya - yours
Quizá no es asunto tuyo. *Maybe it's none of your business.*

134) allá - there
Tenemos que salir por allá. *We have to go out there.*
Mira hacia allá. *Look over there.*

135) delante - in front
No llores delante de mí. *Don't cry in front of me.*
Tiene una vida por delante. *He has a life ahead of him.*

136) probablemente - probably
Probablemente sea una buena idea. *It's probably a good idea.*

137) detrás - behind
¿Qué hay detrás de ese muro? *What's behind that wall?*
Me sentaba detrás de ti. *I sat behind you.*

138) ante - before, in the face of
Compareciendo ante el tribunal. *Appearing before the court.*
Apareció ante mí. *He appeared before me.*

139) sino - but
No es este lunes, sino el otro. *Not this Monday, but the other.*
No por mí, sino por mis hijos. *Not for me, but for my children.*

140) adiós - bye!
Adiós, hasta pronto. *Bye, see you soon.*

141) adelante - forward
Debemos seguir adelante. *We should get going.*
De aquí en adelante. *From now on.*

142) acerca de - about

No sé mucho acerca de esto. *I don't know much about this.*
Es algo acerca de mí. *It's something about me.*

143) ambos, ambas - both

Pueden hacer ambas cosas. *They can do both.*
Un poco de ambos. *A little of both.*

144) demás - the rest

Todo lo demás es una ilusión. *Everything else is an illusion.*
¿Dónde están los demás? *Where are the others?*
Eres diferente de los demás. *You're different from the others.*

145) lejos - far

No está tan lejos. *It's not that far.*
No puede haber ido lejos. *He can't have gone far.*

146) suyo, suya - his, hers, yours

Creo que esto es suyo. *I think this is yours.*
Fue idea suya. *It was his idea.*
Cada uno a lo suyo. *To each his own.*

147) alrededor - around

Viajando alrededor del mundo. *Traveling around the world.*
Alrededor de una hora. *About an hour.*

148) sin embargo - however

Sin embargo, no debes hacerlo. *However, you shouldn't do it.*
Necesitas estos, sin embargo. *You need these, though.*

149) jamás - never, ever

Jamás escuché ese nombre. *I've never heard that name.*
No lo olvidó jamás. *He never forgot it.*
Es lo peor que hice jamás. *It's the worst thing I ever did.*

150) apenas - barely, just

Apenas si dormí anoche. *I barely got sleep last night.*
Ella apenas te conoce. *She barely knows you.*
Hace apenas tres días. *Just three days ago.*

Numbers and time

1 - **uno, un(a)**	11 - **once**
2 - **dos**	12 - **doce**
3 - **tres**	13 - **trece**
4 - **cuatro**	14 - **catorce**
5 - **cinco**	15 - **quince**
6 - **seis**	16 - **dieciséis**
7 - **siete**	17 - **diecisiete**
8 - **ocho**	18 - **dieciocho**
9 - **nueve**	19 - **diecinueve**
10 - **diez**	20 - **veinte**

21 - **veintiuno**	200 - **doscientos**
30 - **treinta**	300 - **trescientos**
40 - **cuarenta**	400 - **cuatrocientos**
50 - **cincuenta**	500 - **quinientos**
60 - **sesenta**	600 - **seiscientos**
70 - **setenta**	700 - **setecientos**
80 - **ochenta**	800 - **ochocientos**
90 - **noventa**	900 - **novecientos**
100 - **cien**	1000 - **mil**
101 - **ciento uno**	2011 - **dos mil once**

3022 - **tres mil veintidós**

4025 - **cuatro veinticinco**

5032 - **cinco mil treinta y dos**

6243 - **seis mil doscientos cuarenta y tres**

7067 - **siete mil sesenta y siete**

8076 - **ocho mil setenta y seis**

9099 - **nueve mil noventa y nueve**

10.100 - **diez mil cien**

15.550 - **quince mil quinientos cincuenta**

100.000 - **cien mil**

180.000 - **ciento ochenta mil**

200.000 - **doscientos mil**

1.000.000 - **un millón**

2.000.000 - **dos millones**

one billion - **un billón**
3,5 - **tres coma cinco**
096 - **cero nueve seis**

uno y medio - one and a half
un tercio - one third
un cuarto - a quarter
uno de cada cinco - one in five
miles de - thousands of
cientos de - hundreds of
docenas de - dozens of
siglo XXI (veintiuno) - 21st century

primer(o) - first
segundo - second
tercer(o) - third
cuarto - fourth
quinto - fifth
sexto - sixth
séptimo - seventh
octavo - eighth
noveno - ninth
décimo - tenth

undécimo - 11th
duodécimo - 12th
decimotercero - 13th
decimocuarto - 14th
decimoquinto - 15th
decimosexto - 16th
decimoséptimo - 17th
decimoctavo - 18th
decimonoveno - 19th
vigésimo - 20th
trigésimo - 30th
cuadragésimo - 40th
quincuagésimo - 50th
sexagésimo - 60th
septuagésimo - 70th
octagésimo - 80th
nonagésimo - 90th

¿Qué hora es? - What time is it?
07:10 - **siete y diez**
07:30 - **siete y media**
07:50 - **ocho menos diez**
10:00 - **diez de la mañana**
16:00 - **cuatro de la tarde**
22:00 - **diez de la noche**
04:00 - **cuatro de la madrugada**

lunes - Monday
martes - Tuesday
miércoles - Wednesday
jueves - Thursday
el próximo **viernes** - next Friday
el **sábado** pasado - last Saturday
domingo a las 5 p.m. (cinco de la tarde) - Sunday at 5pm

a principios de **enero** - in early January
a finales de **febrero** - at the end of February
el 21 de **marzo** - on March 21st
hasta el 18 de **abril** - until April 18
desde mediados de **mayo** - since mid-May
junio - June
julio - July
agosto - August
septiembre - September
octubre - October
noviembre - November
diciembre - December

Part 2:
2000 words

Nouns 501-1000

501) la camiseta - t-shirt
Vamos a intercambiar las camisetas. *Let's exchange shirts.*

502) el puente - bridge
Ella saltó desde este puente. *She jumped from this bridge.*

503) el tiro - shot
Un par de tiros en la pared. *A few shots on a wall.*

504) el trozo - piece, bit
¿Quieres un trozo de pastel? *You want a piece of cake?*

505) la época - period, time
En esta época del año. *At this time of year.*

506) la emergencia - emergency
En caso de emergencia. *In case of emergency.*

507) la medida - measure
Las medidas de seguridad. *Security measures.*
En cierta medida, lo somos. *To some extent, we are.*
A medida que pasa el tiempo. *As time goes by.*

508) el parque - park
Estuvimos en el parque. *We were in the park.*

509) el aliento - breath
Te quita el aliento. *It takes your breath away.*

510) la naturaleza - nature
Eres hermosa por naturaleza. *You're beautiful by nature.*

511) la altura - height

Tengo miedo a las alturas. *I'm afraid of heights.*
¿Estás a la altura de esto? *Are you up for this?*

512) el coro - chorus

Ella tiene una actuación del coro. *She has a chorus performance.*

513) la bola - ball

No golpees la bola. *Don't kick the ball.*

514) la punta - tip

Sigue la punta de mi dedo. *Follow the tip of my finger.*

515) el paseo - walk

Vamos a dar un paseo. *Let's go for a walk.*

516) la vergüenza - embarrassment, shame

Debería darte vergüenza. *You should be ashamed.*

517) la reacción - reaction

Sólo quería ver tu reacción. *I just wanted to see your reaction.*

518) la nena - little girl, darling

Se llevó a las nenas al parque. *She took the girls to the park.*
Todo gracias a ti, nena. *All thanks to you, baby.*

519) la oreja - ear

Yo te morderé la oreja. *I will bite your ear.*

520) la corriente - current

Tienen que seguir la corriente. *They have to go with the flow.*
No puedo mantenerme al corriente. *I can't keep up.*

521) la respiración - breathing

Toma una respiración profunda. *Take a deep breath.*

522) el fantasma - ghost
Los fantasmas aparecen de noche. *Ghosts appear at night.*

523) el papi - daddy
Papi necesita un tiempo fuera. *Daddy needs a time out.*

524) la barra - bar
Quiero mi barra de chocolate. *I want my chocolate bar.*
Un código de barras. *A barcode.*

525) la pesadilla - nightmare
Tuve una pesadilla horrible. *I had a horrible nightmare.*

526) la chaqueta - jacket
Me dejé aquí la chaqueta. *I left my jacket here.*

527) el propósito - purpose
No lo hice a propósito. *I didn't do it on purpose.*
A propósito, buena música. *By the way, nice tunes.*

528) la oferta - offer
Eso es una tentadora oferta. *That's an enticing offer.*

529) los datos - data
No hay suficiente datos. *There isn't enough data.*
Busqué en la base de datos. *I searched the database.*

530) el rayo - lightning, ray
Ella fue golpeada por un rayo. *She was struck by lightning.*

531) la tontería - foolishness
Deje de decir tonterías. *Stop talking nonsense.*
Es una tontería, lo sé. *It's silly, I know.*

532) el proyecto - project
Trabajaremos en nuestro proyecto. *We will work on our project.*

533) la montaña - mountain
Debo ir a las montañas. *I have to get to the mountains.*

534) la entrevista - interview
Tenía una entrevista de trabajo. *I had a job interview.*

535) la nieve - snow
Es más blanco que la nieve. *It's whiter than the snow.*

536) el tratamiento - treatment
En cuanto termine mi tratamiento. *As soon as I finish my treatment.*

537) el dormitorio - bedroom
¿Adónde está el dormitorio? *Where is the bedroom?*

538) la bota - boot
Esas botas te quedan bien. *Those boots fit you well.*

539) la agencia - agency
Alguien envió esto a la agencia. *Someone sent this to the agency.*

540) la pérdida - loss
Tuvo una pérdida de memoria. *He had a memory loss.*
Es una pérdida de tiempo. *It's a waste of time.*

541) el patio - courtyard
Nos sentaremos en el patio. *We will sit in the yard.*
Tienen el patio de recreo. *They have the playground.*

542) el sur - south
Estamos yendo hacia el sur. *We're going south.*

543) la bebida - drink, beverage
¿Puedes traer algunas bebidas? *Can you bring some drinks?*

544) el esposo - husband
Le dejé una nota a mi esposo. *I left a note to my husband.*

545) la estación - station, season
¿Quieres un aventón a la estación? *You want a ride to the station?*
Cuatro estaciones en un día. *Four seasons in one day.*

546) el abrazo - hug
Dame un abrazo. *Give me a hug.*

547) el mono - monkey
No puedo cuidar un mono. *I can't take care of a monkey.*

548) la leche - milk
Un café con leche estaría bien. *Coffee with milk would be great.*

549) el apoyo - support
Vinimos para darte apoyo. *We came to give you support.*

550) el botón - button
¿Qué botón hay que apretar? *Which button must be pressed?*

551) la sociedad - society
En una sociedad socialista. *In a socialist society.*

552) el siglo - century
En los últimos dos siglos. *In the last two centuries.*

553) el paquete - package
Envíalo envuelto como un paquete. *Send it wrapped like a package.*

554) el vehículo - vehicle
Voy a necesitar tu vehículo. *I'm going to need your vehicle.*

555) la guardia - guard
Habrá cantidad de guardias. *There'll be a number of guards.*

556) el ejército - army
Esto lo aprendí en el ejército. *I learned this in the army.*

557) el desayuno - breakfast
No he comido desde el desayuno. *I haven't eaten since breakfast.*

558) el salto - jump, leap
Yo sólo voy a dar el salto. *I'm just gonna take the leap.*

559) el helado - ice cream
¿Quieres algo de helado? *Do you want some ice cream?*

560) la actitud - attitude
Me encanta esa actitud. *I love that attitude.*

561) la aventura - adventure
No estoy buscando aventuras. *I'm not looking for adventures.*

562) la revista - magazine
Leí en la revista del hotel. *I read in the hotel magazine.*

563) el mal - evil
La encarnación mítica del mal. *The mythical embodiment of evil.*

564) el partido - game, party (polit.)
Tenemos un partido importante. *We have an important game.*
El partido de los trabajadores. *The workers' party.*

565) la red - network, net
Soy adicto a las redes sociales. *I'm addicted to social networks.*

566) el cuadro - painting, picture
Nadie compró mis cuadros. *No one bought my paintings.*
Debes ver el cuadro completo. *You have to look at the big picture.*

567) el vidrio / el cristal - glass (--/Spa)
Hay vidrios en el suelo. *There's glass on the floor.*
Rompe el cristal. *Break the glass.*

568) el poder - power
Mis poderes crecen dentro mío. *My powers grow inside of me.*

569) el puesto - position, place
Lo entrevistaremos para un puesto. *We'll interview him for a position.*
Me ofreció tu puesto. *He offered me your job.*

570) el intento - attempt
En un intento desesperado. *In a desperate attempt.*

571) el tono - tone, shade
No me gusta tu tono. *I don't like your tone.*

572) la responsabilidad - responsibility
Tienes que asumir la responsabilidad. *You have to take responsibility.*

573) la letra - letter, lyrics
Dos palabras de cuatro letras. *Two words of four letters.*
Encontré la letra de esa canción. *I found the lyrics of that song.*

574) el blanco - target
No le quites la vista al blanco. *Don't take your eye off the target.*

575) la fe - faith
Nunca pierdas la fe. *Never lose faith.*

576) la criatura - creature
Eran criaturas pavorosas. *They were terrifying creatures.*

577) el pan - bread
Nos hemos quedado sin pan. *We've run out of bread.*

578) la enfermera - nurse
Tengo una enfermera y una criada. *I have a nurse and a maid.*

579) el límite - limit
Hay que conocer sus límites. *You have to know your limits.*

580) el sótano - basement
¿Todavía te escondes en sótanos? *Still hiding in basements?*

581) el escritorio - writing desk
Pon esto en mi escritorio. *Put this on my desk.*

582) el héroe - hero
Toda historia necesita un héroe. *Every story needs a hero.*

583) el mando - command
Ya no estás al mando. *You're no longer in charge.*

584) el dueño - owner
No sé quién es el dueño. *I don't know who the owner is.*
Era dueña de una tienda. *She owned a store.*

585) la alegría - joy
Para crear emoción y alegría. *To create excitement and joy.*

586) el pollo - chicken
Emparedado de pollo tailandés. *Thai chicken sandwich.*

587) la consecuencia - consequence
Cada elección tiene consecuencias. *Each choice has consequences.*

588) el pánico - panic
Todo el pueblo está en pánico. *The whole town is in panic.*

589) el disparo - shot
¿Seguro de que escuchó disparos? *Are you sure you heard shots?*

590) la habilidad - skill
Con las habilidades necesarias. *With the necessary skills.*

591) la curiosidad - curiosity
Sólo tenía curiosidad. *I was just curious.*

592) el pájaro - bird
Me sentí tan libre como un pájaro. *I felt as free as a bird.*

593) el círculo - circle
Es como un círculo vicioso. *It's like a vicious circle.*

594) el comentario - comment
Estoy leyendo los comentarios. *I'm reading the comments.*

595) el abrigo - coat
¿Puedo tomar su abrigo? *Can I take your coat?*

596) la carga - load, burden
Tengo una carga que recoger. *I have a load to pick up.*
Es una carga pesada. *It's a heavy burden.*

597) el maestro - teacher, master
Tenemos que informar al maestro. *We have to inform the teacher.*

598) la espada - sword
Esta es la espada del caballero. *This is the knight's sword.*

599) la importancia - importance
No tiene importancia. *It doesn't matter.*

600) el demonio - demon
Tiene un demonio en su interior. *He has a demon in him.*

601) el juez - judge
El juez tomó una decisión. *The judge made a decision.*

602) la rueda - wheel, tire
Parece que tiene la rueda rota. *Looks like the wheel's broken.*
Tenemos una rueda pinchada. *We have a flat tire.*

603) la tormenta - storm
Navegué hacia la tormenta. *I sailed into the storm.*

604) el producto - product
Es un producto poco común. *It's a rare product.*

605) el muro - wall
Está al otro lado del muro. *It's on the other side of the wall.*

606) el chocolate - chocolate
Te prepararé un chocolate caliente. *I'll make you hot chocolate.*

607) la ciencia - science
Tenemos que confiar en la ciencia. *We have to trust science.*

608) el truco - trick
He aprendido algunos trucos. *I've learned some tricks.*

609) el espectáculo - show, spectacle
Ven a ver mi espectáculo. *Come see my show.*

610) la vela - candle, sail
Un pastel con una vela. *A cake with a candle.*
Sabemos que te gusta la vela. *We know that you like sailing.*

611) el grado - degree, grade
¿En que grado estás? *What grade are you in?*

612) la cirugía - surgery
Tuve una cirugía plástica mala. *I had bad plastic surgery.*

613) la propiedad - property
Tengo una propiedad allí. *I have a property there.*

614) el oso - bear
Quiero mi osito de peluche. *I want my teddy bear.*

615) la circunstancia - circumstance
Dadas las circunstancias. *Given the circumstances.*

616) el rastro - trace, trail
Ningún rastro del cuchillo. *No trace of the knife.*

617) el ascensor / el elevador - elevator (--/Mex)
Estoy atrapada en el ascensor. *I'm stuck in the elevator.*
El elevador esta por ahí. *The elevator is over there.*

618) la declaración - statement, declaration
Ella emitió una declaración. *She issued a statement.*

619) el muslo - thigh
Puso una mano en mi muslo. *He put a hand on my thigh.*

620) la lluvia - rain
La lluvia borró las huellas. *The rain washed out the tracks.*

621) la batalla - battle
Hemos perdido la batalla de hoy. *We've lost today's battle.*

622) el empleado - employee
Tengo que pagar a mis empleados. *I have to pay my employees.*

623) el mercado - market, marketplace
Compré uvas en el mercado. *I bought grapes at the market.*

624) la cadena - chain
¿Quieres una cadena de oro? *Do you want a gold chain?*

625) la prensa - press
Dásela a la prensa. *Give it to the press.*

626) la maleta - suitcase
No olvide su maleta. *Don't forget your suitcase.*

627) la conexión - connection
Encuentra otra conexión. *Find another connection.*

628) el compromiso - commitment, compromise
Es un compromiso muy grande. *It's a very big commitment.*
Hicimos un compromiso. *We made a compromise.*

629) el tamaño - size
Mira el tamaño de esa cosa. *Look at the size of that thing.*

630) la pelota / el balón - ball (L.Am/Spa)
¿Quiere que tire la pelota? *You want me to throw the ball?*
Juguemos al balón. *Let's play some ball.*

631) la meta - goal
¿Cuál es tu meta? *What is your goal?*

632) la charla - chat
¿Te gustaría tener una charla? *Would you like to have a chat?*

633) la fecha - date
¿Cuál es su fecha de nacimiento? *What is her date of birth?*

634) el queso - cheese
Este queso está delicioso. *This cheese is delicious.*

635) el comienzo - beginning
El comienzo fue duro. *The beginning was hard.*

636) el escenario - stage
Tengo que volver al escenario. *I have to go back to the stage.*

637) la belleza - beauty
Es el secreto de mi belleza. *It's the secret of my beauty.*

638) la excusa - excuse
Tú siempre tienes una excusa. *You always have an excuse.*

639) la evidencia - evidence
Creo que hay suficiente evidencia. *I think there's enough evidence.*

640) el curso - course
Esa batalla cambió el curso. *That battle changed the course.*

641) la preocupación - worry, concern
Aprecio tu preocupación. *I appreciate your concern.*

642) el uso - use
Así como el uso ocasional. *As well as the occasional use.*

643) el cerdo - pig
Necesitamos un cerdo que cante. *We need a pig that sings.*

644) las caderas - hips
Ella tiene las caderas anchas. *She has wide hips.*

645) la bruja - witch
Esto es una caza de brujas. *This is a witch hunt.*

646) el artículo - article

Escriban un artículo de eso. *Write an article about that.*

647) la defensa - defense

Fue en defensa propia. *It was self-defense.*

648) la cuerda - rope, chord

Toma la cuerda y átala. *Take the rope and tie it off.*

649) la lucha - fight, struggle

Esto es la lucha de verdad. *This is the real fight.*

650) el descanso - rest

Necesitará un buen descanso. *You'll need a good rest.*

651) el ritmo - rhythm

Su ritmo cardíaco estaba elevado. *His heart rate was elevated.*
No puedo seguir el ritmo. *I can't keep up.*

652) el ladrón - thief

Hay un ladrón en la casa. *There's a thief in the house.*

653) el rincón - corner

Tienes que ir a ese rincón. *You have to go to that corner.*

654) la venta - sale

Todavía está en venta. *It's still for sale.*

655) el barrio - neighborhood

¿Qué barrio es este? *What neighborhood is this?*

656) el escritor - writer

Estoy enamorada de un escritor. *I'm in love with a writer.*

657) la arena - sand, arena

Tengo que sacarlo de la arena. *I have to get it out of the sand.*

658) la niebla - fog
Al despejarse la niebla. *As the fog clears.*

659) la rabia - rage
Conozco ese sentimiento de rabia. *I know that feeling of rage.*

660) la conciencia - awareness, conscience
Luego perdí la conciencia. *Then I lost consciousness.*
Mi conciencia está limpia. *My conscience is clean.*

661) la justicia - justice
Esto no es sobre justicia. *This is not about justice.*

662) las cejas - eyebrows
¿Te depilaste las cejas? *You pluck your eyebrows?*

663) el robo - theft, robbery
Quiero reportar un robo. *I want to report a theft.*

664) el mesero / el camarero - waiter (L.Am/Spa)
No había ningún mesero. *There was no waiter.*
¿Podrías llamar a ese camarero? *Could you call that waiter?*

665) la unidad - unit, unity
Envíen toda unidad disponible. *Send all available units.*

666) el aeropuerto - airport
Voy camino al aeropuerto. *I'm on my way to the airport.*

667) la nube - cloud
Nos desvanecemos como una nube. *We vanish as a cloud.*

668) la gracia - grace, joke
No tiene gracia. *It's not funny.*
¿Te hace gracia algo? *Something funny?*

669) el cine - movie theater
Vamos al cine. *Let's go to the movies.*

670) el primo - cousin
Mi primo está en la cárcel. *My cousin is in jail.*

671) el susurro - whisper
Es sólo un susurro suave. *It's just a soft whisper.*

672) la superficie - surface
Encontró una superficie dura. *He found a hard surface.*

673) el discurso - speech, discourse
En mi discurso de apertura. *In my opening speech.*

674) la miel - honey
Tampoco hay miel aquí. *No honey in here, either.*
En nuestra luna de miel. *On our honeymoon.*

675) la linterna - flashlight
Dame tu linterna. *Give me your flashlight.*

676) el almacén - warehouse
A un almacén escondido. *To a hidden warehouse.*

677) la torre - tower
Como una torre de ladrillos. *Like a brick tower.*

678) la promesa - promise
No cumplí con mi promesa. *I didn't keep my promise.*

679) el área (f) - area
Esta es un área restringida. *This is a restricted area.*
¿Ves las áreas azules? *Do you see the blue areas?*

680) el testigo - witness
¿Los testigos han oído? *Did the witnesses hear?*

681) el anuncio - ad, advertisement
Vi tu anuncio en el periódico. *I saw your ad in the newspaper.*

682) el nervio - nerve
Ha perdido los nervios. *He's lost his nerve.*

683) el premio - prize, award
¿Cuál es el premio por ganar? *What's the prize for winning?*

684) el alivio - relief
Quizá un alivio momentáneo. *Perhaps a momentary relief.*

685) el pago - payment
Te puedo ayudar con los pagos. *I can help you with the payments.*

686) la pausa - break, pause
Deberías tomarte una pausa. *You should take a break.*

687) el cigarrillo - cigarette
Voy a fumar un cigarrillo. *I'm going to smoke a cigarette.*

688) la roca - rock
Esas rocas son enormes. *Those rocks are huge.*

689) la pintura - painting, paint
Mi madre hizo esa pintura. *My mother made that painting.*

690) la búsqueda - search
Después de años de búsqueda. *After years of searching.*

691) la muchacha - girl
Conocí a esas dos muchachas. *I met those two girls.*

692) el almuerzo - lunch
Me voy para el almuerzo. *I'm going for lunch.*

693) la pastilla - pill
Toma esta pastilla para el estómago. *Take this pill for the stomach.*

694) la amistad - friendship
No quería perder la amistad. *I didn't want to lose the friendship.*

695) la cola - tail, queue
La cola era enorme. *The tail was huge.*
Ponte a la cola. *Get in line.*

696) la desgracia - misfortune, disgrace
Por desgracia, debemos elegir uno. *Unfortunately, we must choose one.*

697) el rumor - rumor
He oído rumores similares. *I've heard similar rumors.*

698) la rata - rat
Podemos probar en la rata. *We can test it on the rat.*

699) la ira - anger
Deja salir la ira. *Let go of the anger.*

700) la falda - skirt
Me acabo de romper la falda. *I just ripped my skirt.*

701) el humo - smoke
La habitación llena de humo. *The room full of smoke.*

702) el incendio - fire, burning
Yo no provoqué ese incendio. *I didn't set that fire.*

703) el lío - mess
Tienes que arreglar este lío. *You have to fix this mess.*

704) el cadáver - corpse
La policía encontró su cadáver. *The Police found his body.*

705) el conocimiento - knowledge, consciousness
Compartimos nuestro conocimiento. *We share our knowledge.*
Perdió el conocimiento. *He lost consciousness.*

706) la autoridad - authority
Necesito restablecer mi autoridad. *I need to restore my authority.*

707) la capa - layer, cloak
Esto tiene varias capas. *This has several layers.*
¿Dónde está tu capa? *Where's your cape?*

708) la pasión - passion
No es mi mayor pasión. *It's not my biggest passion.*

709) la costa - coast
Me criaron en la costa este. *I was raised on the east coast.*

710) la lección - lesson
¿Aprendiste la lección? *Did you learn your lesson?*

711) el examen - exam
¿Cuándo tienes el examen? *When do you have the exam?*

712) el milagro - miracle
Estábamos rezando por un milagro. *We were praying for a miracle.*

713) los seres - beings
Historias de seres malignos. *Stories of evil beings.*
Para proteger a sus seres queridos. *To protect your loved ones.*

714) la voluntad - will
Creo en la voluntad de Dios. *I believe in God's will.*

715) la fila - line, row
Está en la primera fila. *He's in the front row.*

716) la mancha - stain
La mancha en el hombro izquierdo. *The stain on the left shoulder.*

717) el genio - genius
Resulta que ella es un genio. *She happens to be a genius.*

718) la clave - code, key
Usan palabras en clave. *They use code words.*
La clave del éxito. *The key to success.*

719) el socio - partner, member
Mi socio y yo tenemos arreglos. *My partner and I have arrangements.*

720) el ala (f) - wing
Déjame extender las alas. *Let me spread my wings.*
El ala está deformada. *The wing is deformed.*

721) la capacidad - capacity, ability
Todavía tenemos capacidad limitada. *We still have limited capacity.*

722) el pulmón - lung
¿Revisaste sus pulmones? *Did you check his lungs?*

723) la casualidad - chance, coincidence
¿Por casualidad estás libre? *Are you by any chance free?*
Qué casualidad. *What a coincidence.*

724) el sujeto - subject, fellow
Nunca atraparon al sujeto. *They never caught the subject.*

725) la parada - stop
En la parada del autobús. *At the bus stop.*

726) los lentes / las gafas - glasses (L.Am/Spa)
Puedes botar tus lentes. *You can throw away your glasses.*
¿Siempre usas gafas de sol? *Do you always wear sunglasses?*

727) el homicidio - homicide
No hay evidencias de homicidio. *There's no evidence of homicide.*

728) la galleta - cookie, cracker
¿Qué tipo de galleta quieres? *What kind of cookie you want?*

729) la cintura - waist
Pon las manos en la cintura. *Put your hands on your waist.*

730) el saludo - greeting
Saludos a tu familia. *Greetings to your family.*

731) la moda - fashion
Vine aquí para estudiar moda. *I came here to study fashion.*

732) la tumba - grave, tomb
Me lo llevaré a la tumba. *I'll take it to my grave.*

733) la placa - plaque, badge
No logré ver la placa. *I didn't get the plate.*
Voy a mostrarte mi placa. *I will show you my badge.*

734) el comportamiento - behavior
Tu comportamiento no es normal. *Your behavior isn't normal.*

735) la máscara - mask
¿Puedes quitarte la máscara? *Can you take off the mask?*

736) la piscina - swimming pool
Tengo una fiesta en la piscina. *I'm having a pool party.*

737) el sombrero - hat
¿De dónde sacó el sombrero? *Where did he get the hat?*

738) el esclavo - slave
No es que tú seas un esclavo. *Not that you're a slave.*

739) el mapa - map
Tal mapa sería útil. *Such a map would be useful.*

740) la costumbre - habit, custom
Ella tiene la costumbre de hacerlo. *She has a habit of doing that.*

741) el ejercicio - exercise
El primer ejercicio que hice. *The first exercise I did.*

742) el oeste - west
Esto apunta justo al oeste. *This point just to the west.*

743) la llama - flame
Intentando huir de las llamas. *Trying to run away from the flames.*

744) el toque - touch
Nuestro toque es bien ligero. *Our touch is very light.*

745) el boleto / el billete - ticket (L.Am/Spa)
Compré un boleto de avión. *I bought a plane ticket.*
He comprado un billete de avión. *I bought a plane ticket.*

746) la ola - wave
Entonces vieron la ola. *Then they saw the wave.*

747) la lástima - pity, shame
Lástima que te vayas hoy. *Too bad you're leaving today.*

Yo creo que es una lástima. *I think it's a shame.*

748) el vientre - belly
¿Puedo tocar tu vientre? *Can I touch your belly?*

749) el ambiente - environment, atmosphere
En un ambiente seguro. *In a safe environment.*
El ambiente está muy tenso. *The atmosphere is very tense.*

750) el instinto - instinct
Escucha a tu instinto. *Listen to your instinct.*

751) el efectivo - cash
¿Efectivo o tarjeta de crédito? *Cash or credit card?*

752) la/el cura - cure / priest
Felizmente tengo la cura. *Luckily I have the cure.*
Hablé con el cura. *I talked to the priest.*

753) la ventaja - advantage
Tienen una ventaja injusta. *They have an unfair advantage.*

754) la manzana - apple
¿Quieres pastel de manzana? *Do you want apple pie?*

755) la tela - fabric, cloth
Necesitas sentir la tela. *You need to feel the fabric.*
Encontramos un trozo de tela. *We found a piece of cloth.*

756) el cajón - drawer
Pon mis calcetines en el cajón. *Put my socks in the drawer.*

757) el polvo - dust, powder
Hay polvo por todas partes. *There is dust everywhere.*
Odio el polvo de chili. *I hate chili powder.*

758) la crisis - crisis
Estamos en medio de una crisis. *We're in the middle of a crisis.*

759) la partida - departure, game
Los afectó mi partida. *My departure affected them.*
¿Cómo fue la partida? *How was the game?*

760) el vestíbulo - lobby
Lo esperaré en el vestíbulo. *I'll wait for him in the lobby.*

761) los muebles - furniture
Ayúdame a mover los muebles. *Help me move the furniture.*

762) el conductor - driver
Eres un terrible conductor. *You're a terrible driver.*

763) la toalla - towel
¿Me das una toalla de papel? *Can you hand me a paper towel?*

764) el costado - side
Hay ese botón a un costado. *There's that button on the side.*

765) la despedida - farewell, goodbye
Era un beso de despedida. *It was a goodbye kiss.*

766) el músculo - muscle
No muevas ni un músculo. *Don't move a muscle.*

767) el ángel - angel
Es mi ángel de la guarda. *He is my guardian angel.*

768) la vigilancia - surveillance, vigilance
Las cámaras de vigilancia. *The surveillance cameras.*

769) el monstruo - monster
Hay monstruos ahí fuera. *There are monsters out there.*

770) el puerto - harbor, port
Se les dijo que fueran al puerto. *They were told to go to the port.*

771) el invierno - winter
Es el solsticio de invierno. *It's the winter solstice.*

772) el recurso - resource
Está llena de recursos. *It's full of resources.*

773) el pez - fish
Eres sólo un pequeño pez. *You're just a small fish.*

774) el terreno - ground, land
Eso es terreno resbaladizo. *That's a slippery ground.*

775) la personalidad - personality
Tiene una personalidad adictiva. *He has an addictive personality.*

776) la violencia - violence
La violencia no es la respuesta. *Violence is not the answer.*

777) el pasajero - passenger
Asientos para ocho pasajeros. *Seats for eight passengers.*

778) la sábana - bed sheet
Pondré sábanas en el sofá. *I'll put sheets on the couch.*

779) la alarma - alarm
No toques la alarma de fuego. *Don't touch the fire alarm.*

780) el voto - vote
Cada voto cuenta. *Every vote counts.*

781) la multitud - crowd
Te perdí entre la multitud. *I lost you in the crowd.*

782) la explosión - explosion
Escuchamos la explosión. *We heard an explosion.*

783) el vaquero - cowboy, jeans (pl.)
Tengo un nuevo par de vaqueros. *I have a new pair of jeans.*

784) la identidad - identity
Alguien robó mi identidad. *Someone stole my identity.*

785) la paciencia - patience
Mi paciencia tiene límites. *My patience has limits.*

786) la infancia - childhood
Pasé mi infancia aquí. *I spent my childhood here.*

787) el cuero - leather
Chaqueta de cuero sin mangas. *Leather jacket without sleeves.*

788) la entrega - delivery
¿Cuándo es tu próxima entrega? *When's your next delivery?*

789) la billetera / la cartera - wallet (L.Am/Spa)
Olvidé mi billetera. *I forgot my wallet.*
Dejé mi cartera en casa. *I left my wallet at home.*

790) la papa / la patata - potato (L.Am/Spa)
Voy a comer papas fritas. *I will eat French fries.*
¿Me das una patata frita? *Can I have a French fry?*

791) el término - term
Hay un término para eso. *There's a term for that.*

792) el acero - steel
Pondré una puerta de acero. *I will put a steel door.*

793) el personaje - character
Intento entender a mi personaje. *I try to understand my character.*

794) la coincidencia - coincidence
¿No es eso una coincidencia? *Isn't that a coincidence?*

795) el temor - fear
Nuestro mayor temor como padres. *Our greatest fear as parents.*

796) el jugador - player
Famoso jugador de football. *Famous football player.*

797) la plaza - square
Dirigete a la plaza principal. *Head to the main square.*

798) el refugio - shelter
Necesitamos un refugio. *We need shelter.*

799) la herramienta - tool
Ahí está su caja de herramientas. *There's his toolbox.*

800) el líder - leader
El líder de la oposición. *The leader of the opposition.*

801) la rubia - blonde
Te vio hablando con una rubia. *He saw you talking to a blonde.*

802) el incidente - incident
El incidente fue devastador. *The incident was devastating.*

803) el funcionario - official
Sobornó a un funcionario público. *He bribed a public official.*

804) la hierba - herb, grass
La hierba que me fumé antes. *The weed I smoked before.*

805) la práctica - practice
La práctica hace la perfección. *Practice makes perfect.*

806) la gota - drop
Unas gotas de sangre. *A few drops of blood.*

807) el experto - expert
No necesito un experto. *I don't need an expert.*

808) la secundaria - high school
Todo empieza en la secundaria. *It all starts in high school.*

809) la venganza - revenge
Estaba planeando una venganza. *He was planning a revenge.*

810) el castillo - castle
Está escondido en el castillo. *It's hidden in the castle.*

811) la dificultad - difficulty
Tengo dificultad para dormir. *I have difficulty sleeping.*

812) la discusión - discussion
Ya tuvimos esa discusión. *We already had that discussion.*

813) el/la ayudante - helper
Eres un buen ayudante. *You're a good helper.*

814) la patada - kick
Me dio una patada. *He kicked me.*
¿Quieres que le dé una patada? *You want me to kick it?*

815) la diversión - fun
Sólo lo hago por diversión. *I just do it for fun.*

816) el sudor - sweat
Eso es un montón de sudor. *That's a lot of sweat.*

817) la invitación - invitation
Es una invitación amistosa. *It's a friendly invitation.*

818) el juguete - toy
Voy a tomar mis juguetes. *I'm going to take my toys.*

819) el ensayo - test, essay, rehearsal
¿Cuál es el tema del ensayo? *What's the essay topic?*
Tenemos un ensayo mañana. *We have a rehearsal tomorrow.*

820) la camioneta - pickup truck
Carguemos la camioneta. *Let's load the truck.*

821) el reino - kingdom
El reino perdió a un gran hombre. *The kingdom lost a great man.*

822) la cortina - curtain
¿Te gustan mis nuevas cortinas? *Do you like my new curtains?*

823) el expediente - record, file
Revisé tu expediente. *I reviewed your record.*
¿Está eso en mi expediente? *Is that on my file?*

824) la publicidad - advertising, publicity
La publicidad tiene su valor. *Advertising has its value.*

825) la muestra - sample
Tengo una muestra de su cabello. *I have a sample of your hair.*

826) la firma - signature, firm
Preciso una firma. *I need a signature.*
Como una firma de abogados. *As a law firm.*

827) la granja - farm
Trabajé en la granja de mi papá. *I worked on my dad's farm.*

828) el príncipe - prince
Traigan a ese príncipe hacia mí. *Bring that prince to me.*

829) la alfombra - carpet
Compra una alfombra nueva. *Buy a new carpet.*

830) el guante - glove
¿Para qué son estos guantes? *What are these gloves for?*

831) la mochila - backpack
Pondré estos en la mochila. *I'll put these in the backpack.*

832) el lobo - wolf
Un lobo con piel de cordero. *A wolf in sheep's clothing.*

833) la biblioteca - library
Lo dejaré en la biblioteca. *I'll leave it in the library.*

834) el tesoro - treasure
Los llevarán al tesoro. *They'll lead him to the treasure.*

835) el garaje - garage
Alguien prendió fuego a su garaje. *Someone set his garage on fire.*

836) la propuesta - proposal
¿Leíste la propuesta? *Did you read the proposal?*

837) la tristeza - sadness
Me apabulló la tristeza. *I was overwhelmed with sadness.*

838) la uña - fingernail
Hasta le puedes pintar las uñas. *You can even paint the fingernails.*

839) la norma - rule, norm
Deberías aprender estas normas. *You should learn these rules.*

840) el mentiroso - liar
¿Me estás llamando mentiroso? *Are you calling me a liar?*

841) el empleo - employment, job
¿Conseguiste el empleo? *Did you get the job?*

842) la reserva - reservation, reserve
La reserva es a las ocho. *The reservation is at eight.*

843) el tobillo - ankle
Creo que me torcí un tobillo. *I think I twisted my ankle.*

844) la palma - palm
Como la palma de mi mano. *Like the back of my hand.*

845) el sillón - armchair
Es un sillón cómodo. *It is a comfortable armchair.*

846) la naranja - orange
Estoy en el puesto de naranjas. *I'm at the orange stand.*

847) el divorcio - divorce
Hablaremos después del divorcio. *We'll talk after the divorce.*

848) el dibujo - drawing
¿Llevaste mi dibujo contigo? *You took my drawing with you?*

849) la copia - copy
Hice una copia para ti. *I made a copy for you.*

850) la fiebre - fever
No parece tener fiebre. *He doesn't seem to have a fever.*

851) la pinta - outward aspect
Tienes pinta de tener hambre. *You look like you're hungry.*
Eso tiene pinta de podrido. *That looks rotten.*

852) el sabor - flavor, taste
A veces le ponen algo de sabor. *Sometimes they put some flavor.*

853) la bicicleta - bicycle
¿Quieres tomar prestada mi bicicleta? *You want to borrow my bike?*

854) el asco - disgust
La comida es un asco. *The food is disgusting.*
¡Qué asco! *Gross!*

855) el palo - stick
Si la golpeas con el palo. *If you hit it with the stick.*

856) la colina - hill
Síguelo por la colina. *Follow it to the hill.*

857) el encanto - charm
Esto tiene su encanto. *This has its charm.*

858) el horror - horror
Lejos de todo el horror. *Away from all the horror.*
¡Qué horror! *How awful!*

859) el aprecio - appreciation
Ellos me muestran su aprecio. *They show me their appreciation.*

860) el alcalde - mayor
El alcalde no está disponible. *The mayor is not available.*

861) el conejo - rabbit
El conejo va alrededor del árbol. *The rabbit goes around the tree.*

862) el patrón - pattern, boss
¿No ves un patrón aquí? *Don't you see a pattern here?*
¿Cómo está mi antiguo patrón? *How is my old employer?*

863) el pecado - sin
El pecado de uno afecta a muchos. *The sin of one affects many.*

864) el horario - schedule
Disponemos de un horario corto. *We're on a short schedule.*

865) el signo - sign
Es un signo de ansiedad. *It's a sign of anxiety.*

866) la plata - silver, money
Tengo balas de plata. *I have silver bullets.*
Te quedaste con mi plata. *You stayed with my money.*

867) la seda - silk
Es suave como la seda. *It's soft like silk.*

868) la maravilla - wonder
Me siento de maravilla. *I feel wonderful.*
Qué maravilla. *How nice.*

869) el alcance - reach
Quizá esté fuera de alcance. *Maybe it's out of reach.*

870) la estancia - stay
¿Cuánto tiempo es su estancia? *How long is your stay?*

871) el chiste - joke
Esto no es un chiste. *This is not a joke.*
Fue un chiste gracioso. *It was a funny joke.*

872) el/la periodista - journalist
Pero ya no eres periodista. *But you're no longer a journalist.*

873) la medianoche - midnight
Ya es casi medianoche. *It's almost midnight.*

874) la lectura - reading
No es una lectura ligera. *It's not a light reading.*

875) la crema - cream
Tenemos crema de vainilla. *We have vanilla cream.*

876) la serpiente - snake
Hay una serpiente en la hierba. *There's a snake in the grass.*

877) el pulgar - thumb
¿Qué le pasó a tu pulgar? *What happened to your thumb?*

878) el hilo - thread
Parece ser hilo dental. *It appears to be dental floss.*
Perdí el hilo. *I lost my train of thought.*

879) el orgullo - pride
Tuve demasiado orgullo. *I had too much pride.*

880) el cartel - poster
¿Ves ese cartel de ahí arriba? *See that poster up there?*

881) el remedio - remedy, choice
Dice que tiene un remedio. *He says he has a remedy.*
No tenía más remedio. *I had no choice.*

882) el evento - event
Voy a llegar tarde al evento. *I'll be late for the event.*

883) la lámpara - lamp
Debajo de la lámpara en mi cuarto. *Under the lamp in my room.*

884) el canal - channel
No creo que tenga ese canal. *I don't think I have that channel.*

885) el postre - dessert

¿Qué hay de postre? *What is for dessert?*

886) la victoria - victory
No es el baile de la victoria. *It's not a victory dance.*

887) el pulso - pulse
Casi puedo sentir su pulso. *I can almost feel his pulse.*

888) la apuesta - bet
¿Quieres hacer una apuesta? *You want to make a bet?*

889) la soledad - loneliness
La soledad no conduce a nada bueno. *Loneliness leads to nothing good.*

890) el estacionamiento / el aparcamiento - parking lot (L.Am/Spa)
Está yendo para el estacionamiento. *He's going to the parking lot.*
Estuve en el aparcamiento. *I was in the parking lot.*

891) la existencia - existence
No puedes negar la existencia. *You can't deny the existence.*

892) el puño - fist
Con la fuerza de mis puños. *With the strength of my fists.*

893) el aviso - notice, warning
Renunciastes sin ningún aviso. *You quit without any notice.*

894) el lago - lake
No sabía que había un lago. *I didn't know there was a lake.*

895) la pluma - pen, feather
¿Puedo quedarme con la pluma? *Can I keep the pen?*
Es una pluma de gallina. *It's a chicken feather.*

896) la bandeja - tray
Yo tenía que caminar con una bandeja. *I had to walk with a tray.*

897) la corbata - tie
Desde que me compré esta corbata. *Since I bought this tie.*

898) la receta - recipe
He traído la receta secreta. *I have brought the secret recipe.*

899) la grabación - recording
Yo debería hacer la grabación. *I should do the recording.*

900) la masa - dough, mass
That's for the dough. *Eso es para la masa.*
Mi índice de masa corporal. *My body mass index.*

901) la queja - complaint
Hemos recibido algunas quejas. *We've received some complaints.*

902) el perfume - scent, perfume
Tu perfume es realmente fuerte. *Your perfume is really strong.*

903) el payaso - clown
¿Quién es este payaso? *Who is this clown?*

904) la frontera - border
Puedes ir a la frontera desde ahí. *You can go to the border from there.*

905) la bestia - beast
Más terrible que cualquier bestia. *More terrible than any beast.*

906) la plataforma - platform
Ella saltó de la plataforma. *She jumped off the platform.*

907) la fruta - fruit

Tengo una cesta de frutas. *I have a fruit basket.*

908) el misterio - mystery
Será siempre un misterio para mí. *It will always be a mystery to me.*

909) la urgencia - urgency
Puedo hacerlo con urgencia. *I can make it urgently.*

910) el cierre - closure, closing
El cierre de una escuela. *The closing of a school.*

911) el alumno - pupil, student
Mis alumnos de quinto grado. *My fifth grade students.*

912) la pila - pile, battery
Tengo una pila de estos. *I have a bunch of these.*
Necesitas poner las pilas. *You need to put the batteries.*

913) la estrategia - strategy
A menos que sea la estrategia. *Unless it's the strategy.*

914) la princesa - princess
Pareces una princesa. *You look like a princess.*

915) la pasta - pasta, paste
Es es una pasta casera. *It's a homemade pasta.*
Me gusta esta pasta de dientes. *I like this toothpaste.*

916) la actuación - performance, acting
Es una actuación hermosa. *It's a beautiful performance.*
En mi clase de actuación. *In my acting class.*

917) la aguja - needle
Si tienes aguja e hilo. *If you have a needle and thread.*
Una aguja en un pajar. *A needle in a haystack.*

918) la furgoneta - van
¿Conduces una furgoneta? *Do you drive a van?*

919) el deporte - sport
Ni siquiera es su deporte. *It's not even his sport.*

920) la comunidad - community
Ahora la comunidad está dividida. *Now the community is divided.*

921) la caída - fall
Una caída en la ducha. *A fall in the shower.*

922) el prisionero - prisoner
El prisionero ha sido rescatado. *The prisoner has been rescued.*

923) el entrenamiento - training
He visto ese entrenamiento antes. *I've seen that training before.*

924) la mezcla - mixture
Es una mezcla perfecta. *It's a perfect mix.*

925) la sospecha - suspicion
¿Tienes alguna sospecha? *Do you have any suspicion?*

926) el brillo - brightness, shine
El piso perdió su brillo. *The floor lost its shine.*

927) el combate - fight, combat
Rompiste las reglas de combate. *You broke the rules of combat.*

928) la abeja - bee
Puedes picar como abeja. *You can sting like a bee.*

929) el tribunal - court
Abogado nombrado por el tribunal. *Lawyer appointed by the court.*

930) el delito - crime
No es un delito grave. *It's not a serious crime.*

931) la llegada - arrival
Tiempo estimado de llegada. *Estimated time of arrival.*

932) la tripulación - crew
Quiere que me una a la tripulación. *He wants me to join the crew.*

933) la bañera - bathtub
Dejé la toalla en la bañera. *I left a towel in the bathtub.*

934) el vecindario - neighborhood
Me encanta este vecindario. *I love this neighborhood.*

935) el pico - peak, beak
Llega a un pico y desaparece. *Reaches a peak and disappears.*
Cierra el pico. *Shut your mouth.*

936) la furia - fury, rage
Entiendo tu furia. *I understand your anger.*

937) el pañuelo - handkerchief, scarf
¿Viste mi pañuelo? *Did you see my handkerchief?*
Llevabas un pañuelo esta mañana. *You wore a scarf this morning.*

938) el pescado - fish (cookery)
Estamos cocinando pescado. *We are cooking fish.*

939) el maquillaje - makeup
¿Por qué usas tanto maquillaje? *Why do you wear so much makeup?*

940) el gusto - taste, pleasure
Tienes un gusto adorable. *You have a lovely taste.*
Fue un gusto conocerte. *It was a pleasure to meet you.*

941) el diario - diary
Yo estaba escribiendo mi diario. *I was writing my diary.*

942) el rescate - rescue, ransom
¿Planea una misión de rescate? *Do you plan a rescue mission?*
Esta familia pagó un rescate. *This family paid a ransom.*

943) la orilla - shore
Me desperté en la orilla. *I woke up on the shore.*

944) el depósito - warehouse, deposit
Trabajas en un depósito. *You work at a warehouse.*
Cuando hagas el depósito. *When you make the deposit.*

945) la postura - posture, position
Es mejor para la postura. *It's better for your posture.*
¿Cuál es su postura oficial? *What's your official position?*

946) el hierro - iron
Convirtieron el hierro en acero. *They turned iron into steel.*

947) la batería - drums, battery
Quiero tocar la batería. *I want to play the drums.*
Me quedé sin batería. *I ran out of battery.*

948) el trabajador - worker
¿A dónde fueron los trabajadores? *Where did the workers go?*

949) la comisaría - police station
Mejor me voy a la comisaría. *I better go to the police station.*

950) la advertencia - warning
Es su última advertencia. *This is your last warning.*

951) el/la cobarde - coward
No corrí como un cobarde. *I didn't run like a coward.*

952) el cinturón - belt
Ponte el cinturón de seguridad. *Put on your seat belt.*

953) la columna - column, spine
Una columna en el periódico. *A column in the newspaper.*
Puede dañar la columna. *It can damage the spine.*

954) el arresto - arrest
Estás bajo arresto. *You're under arrest.*

955) la leyenda - legend
Esa leyenda seguirá viva. *That legend will live on.*

956) la caza - hunting
¿No es temporada de caza? *It's not hunting season?*

957) la claridad - clarity
Hablaba de ello con mucha claridad. *He talked about it very clearly.*

958) el azúcar - sugar
Sabes que no como azúcar. *You know I don't eat sugar.*

959) el gemido - moan, groan
Oí un sonido, como un gemido. *I heard a sound, like a moan.*

960) la ansiedad - anxiety
Estoy sufriendo de ansiedad. *I'm suffering from anxiety.*

961) la almohada - pillow
Pon una almohada sobre tu cabeza. *Put a pillow over your head.*

962) el escalón - step, stair
Eso son muchos escalones. *That's a lot of stairs.*

963) el pijama - pajamas
Mi pijama estaba en el dormitorio. *My pajamas were in the bedroom.*

964) la limpieza - cleanliness, cleaning
Es hora de hacer limpieza. *It's time to clean up.*

965) el martillo - hammer
Su martillo está en el garaje. *His hammer is in the garage.*

966) el estrés - stress
Estaba bajo mucho estrés. *I was under a lot of stress.*

967) el riñón - kidney
Vendí un riñón para conseguirlo. *I sold a kidney to get it.*

968) la cruz - cross
Quiero darte esta cruz. *I want to give you this cross.*

969) el procedimiento - procedure
Tengo que seguir el procedimiento. *I have to follow the procedure.*

970) la competencia - competition
Hay mucha competencia. *There's a lot of competition.*

971) el relato - story, tale
Creo que el relato es magnífico. *I think the story is magnificent.*

972) el tubo - pipe, tube
Vienen enrollados en un tubo. *They come rolled up in a tube.*

973) el sufrimiento - suffering
No habría sufrimiento. *There would be no suffering.*

974) el arreglo - arrangement
El mismo arreglo que antes. *Same arrangement as before.*

975) la moneda - coin, currency
Toma la moneda del suelo. *Take the coin from the floor.*
Quiero cambiar moneda. *I want to exchange currency.*

976) el tatuaje - tattoo
Por fin tengo un tatuaje. *I finally have a tattoo.*

977) el perdedor - loser
No le importan los perdedores. *They don't care about the losers.*

978) la lata - can
Abre la lata de refresco. *Open the soda can.*

979) el mediodía - noon
Estaré de vuelta al mediodía. *I'll be back at noon.*

980) la cerradura - lock
Ella cambió todas las cerraduras. *She changed all the locks.*

981) el anciano - old man
¿No puedes vencer a un anciano? *You can't beat an old man?*

982) el castigo - punishment
Me merezco este castigo. *I deserve this punishment.*

983) el hueco - hole, gap
Hay un hueco en mi corazón. *There is a hole in my heart.*

984) el nieto - grandson
Creo que conoces a mi nieto. *I think you know my grandson.*

985) la patrulla - patrol
Nadie aprende eso en una patrulla. *Nobody learns that on patrol.*

986) el casco - helmet
Colócate el casco. *Put your helmet on.*

987) el saco - bag, sack, coat
¿Tienes un saco de dormir? *You have a sleeping bag?*
Necesito mi saco. *I need my coat.*

988) la barbilla - chin
¿Tengo un grano en la barbilla? *Do I have a pimple on my chin?*

989) la apariencia - appearance
Las apariencias engañan. *Looks can be deceiving.*

990) la deuda - debt
¿Quieres saldar tu deuda? *You want to pay off your debt?*

991) la cobija / la manta - blanket (L.Am/Spa)
Te puedo traer una cobija. *I can get you a blanket.*
¿Tienes suficientes mantas? *You have enough blankets?*

992) la raíz - root
La raíz de todos los pecados. *The root of all sin.*
Igual con bienes raíces. *Same with real estate.*

993) el medicamento - medicine
¿Estás tomando los medicamentos? *Are you taking your meds?*

994) el lápiz - pencil
¿Tienes un lápiz? *You have a pencil?*
Tenía el mismo lápiz labial. *I had the same lipstick.*

995) el contenido - content
Hay más contenido. *There's more content.*

996) el giro - turn
Hago ese giro todos los días. *I make that turn every day.*
Las cosas han tomado un giro. *Things took a turn.*

997) las felicitaciones - congratulations
Felicitaciones, amigo mío. *Congratulations, my friend.*

998) la salsa - sauce
Panqueques con salsa de chocolate. *Pancakes with chocolate*

sauce.

999) la calidad - quality
Un producto de altísima calidad. *A very high quality product.*

1000) el acontecimiento - event
Va a ser un acontecimiento. *It will be such an event.*

Verbs 201-400

201) bailar - to dance
¿A dónde quieres ir a bailar? *Where do you want to go dancing?*

202) elegir - to choose, elect
¿Qué te hizo elegir a ella? *What made you choose her?*

203) averiguar - to find out
Veré lo que yo puedo averiguar. *I'll see what I can find out.*

204) atrapar - to catch
Me enseñó a atrapar peces. *He taught me how to catch fish.*

205) costar - to cost
Cuesta más que mi bolso. *It cost more than my purse.*
Me cuesta creerlo. *It's hard to believe it.*

206) susurrar - to whisper
Luego me susurró algo. *Then she whispered something to me.*

207) considerar - to consider
Considerando lo que le pasó. *Considering what happened to him.*

208) agarrar - to grab
Agarra tus cosas. *Grab your things.*
Me agarró a propósito. *He grabbed me on purpose.*

209) lamentar - to be sorry, regret
Lamento interrumpir su almuerzo. *I'm sorry to interrupt your lunch.*
Mejor prevenir que lamentar. *Better safe than sorry.*

210) pegar - to hit, glue
Jamás le había pegado a nadie. *I've never hit anybody.*
Alguien había pegado la etiqueta. *Somebody stuck a label.*

211) abandonar - to leave, abandon
Nunca abandonó la habitación. *He never left the room.*

212) acordar - to agree, remember
¿Por qué acordé en ir? *Why did I agree to go?*
¿No te acuerdas de mí? *You don't remember me?*

213) encender - to turn on, ignite
¿Puedes encender el ventilador? *Can you turn the fan on?*
Enciende la luz. *Turn on the light.*

214) crecer - to grow
Alguien con quien pueda crecer. *Somebody I can grow with.*

215) colocar - to put, place
Colocó un paño en su cabeza. *She put a cloth on her head.*
Quiero colocar algunas apuestas. *I want to place some bets.*

216) repetir - to repeat
¿Podrías repetir la pregunta? *Could you repeat the question?*

217) rodear - to surround
La atmósfera que los rodea. *The atmosphere that surrounds them.*

218) nacer - to be born
¿En qué año nació? *What year was he born?*
¿Dónde naciste? *Where were you born?*

219) recuperar - to recover, get back
¿Puedes recuperar los archivos? *Can you recover the files?*
Podemos recuperar el dinero. *We can get the money back.*

220) apretar - to tighten, squeeze
Apretó el mentón. *He tightened his chin.*
Aprieta mi mano. *Squeeze my hand.*

221) utilizar - to use, utilize
Puedes usarlo si quieres. *You can use it if you want.*

222) permanecer - to stay, remain
Debemos permanecer jno encuentro cómo controlarlo.untos. *We must stay together.*
Permaneció tranquilo. *He remained calm.*

223) sorprender - to surprise
No me sorprende. *I'm not surprised.*
Pensé que te sorprendería. *I thought you'd be surprised.*

224) negar - to deny, refuse
Ella niega los hechos. *She denies the facts.*
Se negó a trabajar. *He refused to work.*

225) luchar - to fight, struggle
No voy a luchar contigo. *I will not fight with you.*
Podría haber seguido luchando. *He could have kept fighting.*

226) controlar - to control
¿No pudiste controlarlo? *You couldn't control it?*

227) enterarse - to find out, learn
¿Cómo te enteraste? *How did you find out?*
No sé cómo me enteré. *I don't know how I found that out.*

228) compartir - to share
Quiero compartir algunas recetas. *I want to share some recipes.*

229) señalar - to point, mark
Señaló hacia un lado. *It pointed to one side.*
Sólo estoy señalando lo obvio. *I'm just pointing out the obvious.*

230) despedir - to dismiss, fire
He despedido la mitad del personal. *I've fired half of the staff.*

231) mencionar - to mention
¿Mencionó el nombre de ella? *Did he mention her name?*

232) cometer - to make, commit
No volveré a cometer ese error. *I will not make that mistake again.*
Cometí muchos errores. *I made many mistakes.*

233) admitir - to admit
Eso fue divertido, debo admitirlo. *That was fun, I have to admit.*

234) girar - to turn, spin
Tienes que girar ahí. *You have to turn there.*
Y luego giré a la izquierda. *And then I turned left.*

235) soportar - to endure, bear
No puedo soportar ese llanto. *I can't stand that crying.*
No lo soporto más. *I can't stand it anymore.*

236) relajar - to relax
Relájate, estaba bromeando. *Relax, I was joking.*

237) agradecer - to thank
Sólo quería agradecerte. *I just wanted to thank you.*
Agradezco mucho tu ayuda. *I really appreciate your help.*

238) apostar - to bet
Apuesto a que hay más por ahí. *I bet there's more out there.*

239) ocultar - to hide, conceal
¿Qué está tratando de ocultar? *What is he trying to hide?*
Todo mundo oculta algo. *Everyone hides something.*

240) separar - to separate
Te separa del resto. *It separates you from the rest.*

241) interrumpir - to interrupt
Una chica me interrumpió. *A girl interrupted me.*

242) retirar - to remove, withdraw
Para retirar su contenido. *To remove its contents.*
Retiró todo el dinero. *He withdrew all the money.*

243) acostarse - to go to bed, lie down
Es hora de acostarse. *It's time to go to bed.*
Cuando estoy acostado o leyendo. *When I'm lying down or reading.*

244) ordenar - to order
¿Usted ordenó pizza? *Did you order pizza?*
¿Me ordena que me quede? *Are you ordering me to stay?*

245) estudiar - to study
Estoy estudiando arquitectura. *I'm studying architecture.*

246) resolver - to solve, resolve
Podemos resolver esto. *We can solve this.*
Podríamos haber resuelto esto. *We could have resolved this.*

247) invitar - to invite
Por eso la invité aquí. *That's why I invited her here.*

248) devolver - to give back, return
¿Me puede devolver mi cámara? *Can I have my camera back?*
No me devuelve las llamadas. *She won't return my calls.*

249) planear - to plan
He planeado algo especial. *I have planned something special.*

250) inclinarse - to lean, bend
Se inclina hacia la derecha. *She leans to the right.*
Me incliné para tomarla. *I bent down to take it.*

251) insistir - to insist
Ella insiste en verte. *She insists on seeing you.*

252) descansar - to rest
Necesitamos descansar. *We need to rest.*

253) dudar - to doubt
Dudo que era uno de ellos. *I doubt he was one of them.*
Nunca volveré a dudar de ti. *I will never doubt you again.*

254) adivinar - to guess
Adivina qué estoy viendo ahora. *Guess what I'm seeing now.*
Déjame adivinar. *Let me guess.*

255) apagar - to turn off
Apaga esa luz. *Turn off that light.*
¿Quién apagó las luces? *Who turned off the lights?*

256) encargarse - to handle, take care
Yo me encargaré de todo. *I will take care of everything.*
Yo me encargo. *I got it.*

257) huir - to run away, escape
Estás huyendo de ti mismo. *You're running from yourself.*
Quizá huyó del país. *Maybe he fled the country.*

258) aguantar - to endure
Tienes que aguantar. *You have to put up with.*
Está aguantando la respiración. *She's holding her breath.*

259) alegrarse - to be glad
Me alegra verte. *I'm glad to see you.*

260) acariciar - to caress, stroke
Él le acarició el pelo. *He stroked her hair.*

261) fingir - to pretend

Puedes dejar de fingir. *You can stop pretending.*

262) recorrer - to travel

Alguien recorrió un largo camino. *Someone traveled a long way.*
Hay un largo camino por recorrer. *There's a long way to go.*

263) indicar - to indicate, show

Es lo que la evidencia indica. *That's what the evidence shows.*

264) tardar - to take time

Tardó más de lo normal. *It took longer than usual.*

265) discutir - to discuss, argue

No voy a discutir contigo. *I will not argue with you.*

266) producir - to produce

El alcohol puede producir ese efecto. *Alcohol can produce that effect.*

267) empujar - to push

Me empujó a la piscina. *He pushed me into the pool.*

268) fijarse - to notice

Nadie nunca se fijó en ella. *No one ever noticed her.*
Fíjate en las servilletas. *Look at these napkins.*

269) molestar - to bother, disturb

¿Eso no te molesta? *That doesn't bother you?*
Siento molestarle. *I'm sorry to disturb you.*

270) faltar - to miss

Él sabía que algo faltaba. *He knew something was missing.*
No parece faltar nada. *Nothing seems to be missing.*

271) revisar - to check, review
Voy a revisar esta ventana. *I will check this window.*

272) calmarse - to calm down
Cálmate, estoy conduciendo. *Calm down, I'm driving.*

273) engañar - to cheat, deceive
Mi esposa me está engañando. *My wife is cheating on me.*

274) tender - to lay, set, tend
Ella nos tendió una trampa. *She set us up.*
Tiende a llorar mucho. *He tends to cry a lot.*

275) depender - to depend
Depende de su creencia. *It depends on your belief.*

276) prestar - to lend
Necesito tomar esto prestado. *I need to borrow this.*
No prestes atención a esto. *Don't pay attention to this.*

277) sobrevivir - to survive
La única forma de sobrevivir. *The only way to survive.*

278) superar - to overcome
¿Cómo puedo superar esto? *How can I overcome this?*

279) construir - to build
¿Cuántas quieren construir? *How many do you want to build?*

280) alcanzar - to reach, achieve
No puedo alcanzar mis zapatos. *I can't reach my shoes.*
Alcanzó sus objetivos. *He achieved his goals.*

281) obtener - to get, obtain
No consigo obtener una respuesta. *I can't get an answer.*
Obtuvo lo que quería. *She got what she wanted.*

282) cargar - to load, charge
¿Tienes que cargar eso cada vez? *You have to load that every time?*
Olvidé cargar mi teléfono. *I forgot to charge my phone.*

283) sugerir - to suggest
Así que sugiero que comencemos. *So, I suggest we get started.*

284) fallar - to fail
No puedo fallar este examen. *I can't fail this test.*

285) acompañar - to accompany
¿Quieres que te acompañe? *Do you want me to accompany you?*

286) apuntar - to point, aim
Me apuntó con un arma. *He pointed a gun at me.*

287) entregar - to deliver, hand
No puedo entregar el dinero. *I can't deliver the money.*
Ella me entregó esta carta. *She gave me this letter.*

288) afirmar - to affirm, say
Ella afirma que estaba aquí. *She says she was here.*

289) demostrar - to prove, demonstrate
Sigo teniendo mucho que demostrar. *I still have a lot to prove.*

290) pelear - to quarrel, fight
No tengo razones para pelear. *I have no reason to fight.*

291) reunir - to gather, put together
Él reunió todas sus fuerzas. *He gathered all his strength.*
Intento reunir estas piezas. *I'm trying to put these pieces together.*

292) montar - to ride, assemble
¿Te gusta montar a caballo? *Do you like to ride horses?*
Tienes que montar el juguete. *You have to assemble the toy.*

293) avanzar - to advance, move forward
Tenemos que avanzar más rápido. *We have to move faster.*
La vida avanzaba a paso lento. *Life moved at a slow pace.*

294) advertir - to warn
Te advertí sobre esto. *I warned you about this.*
Te lo advierto. *I warn you.*

295) equivocarse - to make a mistake
Si no me equivoco. *If I'm not mistaken.*
Te equivocas conmigo. *You're wrong about me.*

296) pertenecer - to belong
Creo que esto te pertenece. *I think this belongs to you.*

297) saludar - to greet
Ella me saludó con un beso. *She greeted me with a kiss.*
Saluda a tu hermano por mí. *Say hello to your brother for me.*

298) cumplir - to fulfill
Un compromiso que quiero cumplir. *A commitment I want to fulfill.*

299) vestir - to wear, dress
Me voy a vestir de rojo. *I'm going to wear red.*
No se vestía bien. *He didn't dress well.*

300) celebrar - to celebrate
Vamos a mi cuarto a celebrar. *Let's go to my room to celebrate.*

301) interesar - to interest
La política no me interesa. *Politics does not interest me.*

302) asustar - to scare, frighten
¿Eso te asusta? *Does that scare you?*

303) arrastrar - to drag
Él me está arrastrando a casa. *He is dragging me home.*

304) soñar - to dream
Estoy soñando con ella. *I'm dreaming of her.*

305) mudarse - to move
Se mudó hace unos años. *He moved a few years ago.*
Decidió mudarse de nuevo. *He decided to move back.*

306) quemar - to burn
No puede quemar mi libreta. *You can't burn my notebook.*

307) arruinar - to ruin
Quieres arruinar mi vida. *You want to ruin my life.*

308) contratar - to hire
Podrías contratar a una niñera. *You could hire a nanny.*

309) unir - to join, unite
No me voy a unir a la campaña. *I'm not going to join the campaign.*

310) firmar - to sign
¿Puedo firmar eso después? *Can I sign that later?*

311) fumar - to smoke
Voy a dejar de fumar y beber. *I will stop smoking and drinking.*

312) causar - to cause
Nadie quería causar un problema. *Nobody wanted to cause a problem.*

313) arrancar - to tear, start
Arrancó una hoja del archivo. *He tore a page from the file.*
No quería arrancar. *It wouldn't start.*

314) encerrar - to lock up
Me encerró en un armario. *He locked me in a closet.*

315) atravesar - to cross, go through
Van a atravesar los muros. *They will go through the walls.*

316) vigilar - to watch over
Te estaré vigilando. *I'll be watching you.*

317) viajar - to travel
Me gustaría viajar en tren. *I would like to travel by train.*

318) hallar - to find
No puedo hallar a mi hija. *I can't find my daughter.*
¿Qué esperas hallar? *What do you expect to find?*

319) incluir - to include
Incluyendo el incidente de ayer. *Including yesterday's incident.*
Eso te incluye a ti. *That includes you.*

320) asumir - to assume
Asumo que tienes el paquete. *I assume you have the package.*

321) pintar - to paint
Voy a pintar estas paredes. *I'm going to paint these walls.*

322) atreverse - to dare
¿Cómo te atreves? *How dare you?*
No te atrevas a reírte. *Don't you dare laugh.*

323) contener - to contain
Contiene mucha jerga. *It contains a lot of slang.*
Casi no se podía contener. *You could barely contain yourself.*

324) alzar - to raise, lift
No voy a alzar mi bandera blanca. *I will not raise my white flag.*

325) enfrentarse - to face
Ella queria enfrentarse a él. *She wanted to face him.*

326) mejorar - to improve, get better
Ella empezó a mejorar. *She started getting better.*

327) realizar - to carry out, make
Esta oficina realiza sus trabajos. *This office does its work.*
Tenemos que realizar un plan. *We have to make a plan.*

328) destruir - to destroy
Deberíamos destruir las pruebas. *We should destroy the evidence.*

329) arder - to burn
Todavía me arde. *It's still burning.*
Tu mesa está ardiendo. *Your table is on fire.*

330) temblar - to shake, tremble
Tu pierna está temblando. *Your leg is shaking.*

331) adorar - to adore
Adoro tu vestido. *I love your dress.*

332) apetecer - to feel like
¿Te apetece bailar más tarde? *Do you feel like dancing later?*

333) aprovechar - to take advantage
Podrías aprovechar esto. *You could take advantage of this.*

334) confundir - to confuse
Él comienza a confundir sueños. *He starts to confuse dreams.*

335) llenar - to fill
La copa que elegiste llenar. *The cup you chose to fill.*

336) sacudir - to shake
Estaba sacudiendo el árbol. *I was shaking the tree.*

337) convencer - to convince
Intenta convencer a tu padre. *Try to convince your father.*

338) lavar - to wash
Vas a tener que lavar los platos. *You'll have to wash the dishes.*

339) envolver - to wrap
Va a ser difícil de envolver. *It will be difficult to wrap.*

340) cocinar - to cook
¿Quién te enseñó a cocinar? *Who taught you to cook?*

341) encoger - to shrink
Se encogió de hombros. *He shrugged.*

342) juntar - to put together
Empezó a juntar las cosas. *He started putting things together.*

343) gastar - to spend
¿Cuánto quieres gastar? *How much you want to spend?*

344) encajar - to fit
¿Cómo encaja en todo esto? *How does it fit into all this?*

345) confesar - to confess
Quiero confesar mis pecados. *I want to confess my sins.*

346) proponer - to propose
Fue usted el que lo propuso. *It was you who proposed it.*
Propongo lo siguiente. *I propose the following.*

347) divertirse - to have fun
Diviértete esta noche. *Have fun tonight.*

348) avisar - to notify, warn

Vienes aquí sin avisar. *You come here without notifying.*
Perdona que no avisé. *Sorry if I didn't tell you.*

349) visitar - to visit

¿A quién van a visitar? *Who are you going to visit?*

350) pasear - to walk

¿Quieres ir a pasear? *Do you want to go for a walk/ride?*

351) abrazar - to hug, embrace

¿Qué hay de malo en abrazar? *What's wrong with hugging?*

352) marcar - to mark, dial

Quería marcar la diferencia. *I wanted to make a difference.*
¿Sabes qué números marcar? *Do you know what numbers to dial?*

353) extender - to extend, spread

Extendió su mano. *He extended his hand.*
Luego se extendió a su hígado. *Then it spread to his liver.*

354) obligar - to force

Nadie lo obligó a tomarla. *No one forced him to take it.*

355) tumbarse - to lie down

Voy a estar tumbada aquí. *I will be lying here.*

356) morder - to bite

Me mordió y me hizo saltar. *He bit me and made me jump.*
Muerde esto. *Bite this.*

357) atar - to tie

Sé como atar mis zapatos. *I know how to tie my shoes.*

358) ahogar - to drown, choke

Me estaba ahogando. *I was drowning.*

Tuve que ahogar mis penas. *I had to drown my sorrows.*

359) experimentar - to experience, experiment
Necesito experimentar nuevas cosas. *I need to experience new things.*

360) juzgar - to judge
A juzgar por sus herramientas. *Judging by their tools.*

361) impresionar - to impress
¿A quién quieres impresionar? *Who do you want to impress?*

362) rezar - to pray
Así que comencé a rezar. *So I began to pray.*

363) pretender - to intend, pretend
No pretendía hacerte daño. *I didn't mean to hurt you.*
Pretende que no te importa. *Pretend that you don't care.*

364) atacar - to attack
Me atacó, no tuve elección. *He attacked me, I had no choice.*

365) grabar - to record, engrave
¿Realmente necesitas grabar esto? *Do we really need to record this?*

366) liberar - to free, release
Necesitas liberar a esa gente. *You need to free those people.*

367) afectar - to affect
Esto nos afecta a ambos. *This affects both of us.*

368) pillar - to catch
Vamos a pillar las entradas. *Let's catch the tickets.*
Me pilló durmiendo. *He caught me sleeping.*

369) destrozar - to shatter, tear apart
Quieren destrozar al país. *They want to tear the country apart.*

370) aclarar - to clarify
Es hora de aclarar las cosas. *It's time to clear things up.*

371) escoger - to choose
Hay muchos de dónde escoger. *So many to choose from.*
¿Por qué me escogió? *Why did he choose me?*

372) enterrar - to bury
Enterrar la cabeza en la arena. *To bury your head in the sand.*

373) amenazar - to threaten
Nos amenazó a mi esposa y a mí. *He threatened my wife and me.*

374) nadar - to swim
Están nadando en la piscina. *They're swimming in the pool.*

375) anunciar - to announce, advertise
¿Cuándo lo vas a anunciar? *When will you announce it?*
Es una manera genial de anunciar. *It's a great way to advertise.*

376) rechazar - to reject, refuse
Tengo que rechazar tu oferta. *I have to reject your offer.*

377) aliviar - to ease, relieve
Técnicas para aliviar el estrés. *Techniques to relieve stress.*

378) replicar - to reply
Replicó él en voz baja. *He replied in a low voice.*

379) brillar - to shine
Los pisos tienen que brillar. *The floors have to shine.*

380) manejar - to handle; drive (L.Am)

Pienso que puedes manejarlo. *I think you can handle it.*

¿Quién maneja ese auto? *Who's driving that car?*

381) impedir - to prevent

Intenté impedir eso. *I tried to prevent that.*

382) establecer - to establish, set

Para establecer una nueva vida. *To establish a new life.*

Tenemos que establecer algunas reglas. *We have to set some rules.*

383) sospechar - to suspect

Así que empecé a sospechar. *So I began to suspect.*

384) sujetar - to hold

Estaba sujetando esa muñeca. *I was holding that doll.*

385) presionar - to press, pressure

Debes presionar el botón. *You have to press the button.*

¿No te está presionando? *He's not pressuring you?*

386) percibir - to perceive, notice

No percibí ningún movimiento. *I didn't notice any movement.*

387) hundir - to sink

Su bote se hundió. *His boat sank.*

388) arrestar - to arrest

¿Me vas a arrestar? *Are you going to arrest me?*

389) reaccionar - to react

¿Viste cómo reaccionó? *Did you see how he reacted?*

390) explotar - to explode, exploit

Mi cabeza acaba de explotar. *My head just exploded.*

391) deslizar - to slip, slide
El hombre enojado se deslizó. *The angry man slipped.*
Se desliza hacia abajo. *It slides down.*

392) clavar - to nail, drive
Me has clavado ese cuchillo. *You shoved that knife into me.*

393) rogar - to beg, pray
Te lo ruego. *I beg you.*

394) aumentar - to increase
Deben aumentar el precio. *They must increase the price.*

395) retroceder - to move back
Retrocede hacia mí. *Come back towards me.*
¿Podemos retroceder un poco? *Can we go back a little?*

396) ofender - to offend
No quiero ofender a nadie. *I don't want to offend anyone.*

397) cobrar - to charge, collect
¿Cuánto cobra usted? *How much do you charge?*
Vengo a cobrar una deuda. *I'm here to collect a debt.*

398) secuestrar - to kidnap
No van a secuestrar a nadie. *They're not going to kidnap anyone.*

399) acusar - to accuse
¿De qué me estás acusando? *What are you accusing me of?*

400) culpar - to blame
No puedes culpar a la economía. *You can't blame the economy.*

Adjectives 151-300

151) ridículo - ridiculous
Esa es una pregunta ridícula. *That's a ridiculous question.*

152) inocente - innocent
Fue una cena inocente. *It was an innocent dinner.*

153) directo - direct
Esta es la ruta más directa. *This is the most direct route.*

154) común - common
No es tan común como tú crees. *It's not as common as you think.*

155) seco - dry
Tu cabello está seco. *Your hair is dry.*

156) responsable - responsible
Usted es responsable de esto. *You are responsible for this.*

157) sospechoso - suspicious
Reporte cualquier cosa sospechosa. *Report anything suspicious.*

158) borracho - drunk
Nunca estuve tan borracho. *I've never been that drunk.*

159) interesado - interested
Si alguna vez estás interesada. *If you're ever interested.*

160) puro - pure
Una taza de azúcar pura. *A cup of pure sugar.*

161) doble - double
Deberías pagar el doble. *You should pay double.*

162) cómodo - comfortable
Me hizo sentir muy cómoda. *It made me feel very comfortable.*

163) adecuado - suitable
Soy la persona adecuada. *I'm the right person.*
No es el lugar adecuado para ella. *It's not the right place for her.*

164) famoso - famous
Es muy famoso en mi país. *He is very famous in my country.*

165) gordo - fat
¿Parezco gorda en éste? *Do I look fat in this?*

166) débil - weak
Tiene el corazón débil. *He has a weak heart.*

167) pesado - heavy
Creía que eran más pesados. *I thought they were heavier.*

168) sencillo - simple
Dijiste que esto sería sencillo. *You said that this would be simple.*
No hay una respuesta sencilla. *There's no simple answer.*

169) aburrido - boring, bored
Es algo aburrido, ¿o no? *It's kind of boring, isn't it?*

170) final - final
Haremos una prueba final. *We'll make a final test.*

171) oficial - official
Éste es un anuncio oficial. *This is an official announcement.*

172) inmediato - immediate
Nos llamó de inmediato. *He called us immediately.*

173) superior - higher, upper

Tres veces superior al del resto. *Three times as great as the rest.*
¿Parte superior o inferior? *Top or bottom?*

174) bello - beautiful

Tienes una sonrisa tan bella. *You have such a beautiful smile.*

175) extremo - extreme

No soy tan extremo como tú. *I'm not as extreme as you.*

176) grave - serious, deep

Es un problema grave. *It's a serious problem.*
Ella tiene la voz grave. *She has a deep voice.*

177) quieto - still

Debes quedarte quieto. *You must stay still.*

178) lento - slow

Tal vez deberíamos ir más lento. *Maybe we should go slower.*

179) fresco - fresh

Necesito aire fresco. *I need fresh air.*

180) mínimo - minimal, least

Como mínimo un par de horas. *At least a couple of hours.*
No me sorprende lo más mínimo. *I'm not surprised in the least.*

181) sincero - sincere, honest

Si hubiera sido sincera conmigo. *If she had been honest with me.*

182) exterior - outside

El contacto con el mundo exterior. *Contact with the outside world.*

183) cercano - close, near

¿Es alguien cercano a tí? *Is it someone close to you?*
La ciudad más cercana. *The nearest city.*

184) poderoso - powerful
Juntos serán más poderosos. *Together they'll be more powerful.*

185) feo - ugly
Eso pudo haber sido feo. *That could have been ugly.*

186) convencido - convinced
No parecías muy convencido. *You didn't seem very convinced.*

187) desesperado - desperate
Hace que parezcas desesperada. *It makes you look desperate.*

188) consciente - conscious
¿Cuánto tiempo lleva consciente? *How long has he been conscious?*

189) interno - internal
Lo sabemos por fuentes internas. *We know from internal sources.*

190) probable - likely, probable
Es muy poco probable. *It's very unlikely.*
Es probable que pierda mi trabajo. *I'll probably lose my job.*

191) incómodo - uncomfortable
Me parece bastante incómodo. *I find it quite uncomfortable.*

192) furioso - furious
Eso le pondrá más furioso. *That will make him more furious.*

193) nacional - national
Ganaron el campeonato nacional. *They won the national championship.*

194) intenso - intense
Esta semana ha sido intensa. *This week has been intense.*

195) santo - holy

¡Dios santo! *My goodness!*

196) impresionante - impressive, awesome
Muy impresionante. *Very impressive.*
Es una fiesta impresionante. *It's an awesome party.*

197) atractivo - attractive
Eres una mujer atractiva. *You're an attractive woman.*

198) firme - firm
Necesitamos manos firmes. *We need firm hands.*

199) ciego - blind
¿Cómo pude estar tan ciego? *How could I be so blind?*

200) honesto - honest
Tengo que ser honesto. *I have to be honest.*

201) incapaz - unable, incapable
Ella es incapaz de hacer esto. *She is unable to do this.*

202) oculto - hidden
Hay otro beneficio oculto. *There's another hidden benefit.*

203) curioso - curious, odd
Eres demasiado curioso. *You're too curious.*
Es curioso que digas eso. *It's funny you should say that.*

204) máximo - maximum
Vive cada día al máximo. *Live every day to the fullest.*
Eres lo máximo. *You're the best.*

205) breve - brief, short
Me gustaría un breve descanso. *I would like a short break.*
Estará aquí en breve. *He'll be here shortly.*
206) evidente - obvious, clear

Es evidente que se la robó. *It's obvious he stole it.*
No podría ser más evidente. *It couldn't be more obvious.*

207) militar - military
Fue un estratega militar. *He was a military strategist.*

208) soltero - single
Soy una madre soltera. *I'm a single mother.*
Hoy es mi despedida de soltero. *Today is my bachelor party.*

209) sano - healthy
Queremos mantenernos sanos. *We want to stay healthy.*
En cualquier relación sana. *In any healthy relationship.*

210) solitario - lonely
Por supuesto, es un poco solitario. *Of course, it's a little lonely.*

211) desagradable - unpleasant
Sin sorpresas desagradables. *No unpleasant surprises.*

212) romántico - romantic
Eso suena muy romántico. *That sounds very romantic.*

213) auténtico - authentic, real
Ellos saben mi auténtico nombre. *They know my real name.*
Fue un auténtico desastre. *It was a real disaster.*

214) pleno - full
Diez horas a pleno sol. *Ten hours in full sun.*
A plena luz del día. *In broad daylight.*

215) mágico - magical
No olvides ese momento mágico. *Don't forget that magical moment.*

216) amarillo - yellow
En un gran sofá amarillo. *On a big yellow couch.*

217) relacionado - related
¿Crees que esté relacionado? *You think it's related?*

218) satisfecho - satisfied
Tenemos clientes satisfechos. *We have satisfied customers.*

219) diario - daily, everyday
Es parte de nuestra vida diaria. *It's part of our daily life.*
Yo trabajaría a diario gratis. *I'd work every day for free.*

220) activo - active
Ella tiene una vida social activa. *She has an active social life.*

221) delicioso - delicious
Este queso está delicioso. *This cheese is delicious.*

222) habitual - usual, regular
Está bebiendo más de lo habitual. *He's drinking more than usual.*
Tenía un cliente habitual. *He had a regular customer.*

223) obvio - obvious
Es obvio que sigue molesto. *Obviously he's still upset.*

224) ligero - light
Este es un almuerzo muy ligero. *This is a very light lunch.*

225) armado - armed
Vi a unos hombres armados. *I saw some armed men.*

226) femenino - female
Estaba en el equipo femenino. *I was on the women's team.*

227) valiente - brave, courageous
Voy a ser tan valiente como tú. *I will be as brave as you.*

228) estrecho - narrow
El pasillo era muy estrecho. *The corridor was very narrow.*

229) grueso - thick
A través de esta pared gruesa. *Through this thick wall.*

230) inútil - useless
Te dije que era inútil. *I told you it was useless.*

231) afortunado - lucky
Me siento muy afortunado. *I feel very lucky.*

232) absurdo - absurd
Esto puede sonar absurdo. *This may sound absurd.*

233) salvaje - wild
Se ven un poco salvaje. *They look a bit wild.*

234) húmedo - moist, wet
¿Me das un trapo húmedo? *Can I get a wet rag?*

235) pálido - pale
Te ves un poco pálido. *You look a little pale.*

236) delgado - thin, slim
Siempre he sido delgada. *I've always been slim.*

237) agradecido - grateful
Estoy agradecido por tu ayuda. *I'm grateful for your help.*

238) dorado - golden
Consiguió dos estrellas doradas. *He got two gold stars.*

239) emocional - emotional
Deja de ser tan emocional. *Stop being so emotional.*

240) elegante - elegant, stylish
No necesito esas cosas elegantes. *I don't need that fancy stuff.*

241) físico - physical
No hay daño físico. *There's no physical damage.*

242) confuso - confused
Yo también estoy confusa. *I'm confused too.*

243) gratis - free
Nada en la vida es de gratis. *Nothing in life is for free.*

244) útil - useful
Es más útil de lo que crees. *It's more useful than you think.*

245) fino - fine, thin
Hechas de la más fina seda. *Made from the finest silk.*
Es fino como una soga. *It's thin like a rope.*

246) asqueroso - disgusting
Eso es realmente asqueroso. *That's really disgusting.*
Sus uñas son asquerosas. *His fingernails are disgusting.*

247) infantil - childish
Para de ser tan infantil. *Stop being so childish.*

248) misterioso - mysterious
Tengo este misterioso mensaje. *I have this mysterious message.*

249) encantador - lovely, charming
¿Quién es esta joven encantadora? *Who's this lovely young lady?*
¿No es encantador? *Isn't he charming?*

250) callado - quiet
¿Por qué estás tan callado? *Why are you so quiet?*

251) particular - particular, private
Para este trabajo en particular. *For this particular job.*
Tiene entrada particular. *It has a private entrance.*

252) amplio - wide, broad
Ella tenía una amplia sonrisa. *She had a wide smile.*
En un sentido más amplio. *In a broader sense.*

253) eléctrico - electric
Debido a tormentas eléctricas. *Due to electrical storms.*

254) tenso - tense
Ayuda en una situación tensa. *It helps in a tense situation.*

255) delicado - delicate
Tengo un toque más delicado. *I have a more delicate touch.*

256) típico - typical
Esa fue la respuesta típica. *That was the typical response.*

257) hondo - deep
Los dos podemos respirar hondo. *We can both take a deep breath.*

258) gigante - giant
Así es, en un castillo gigante. *That's right, in a giant castle.*

259) celoso - jealous
Estoy bastante celoso ahora mismo. *I'm pretty jealous right now.*

260) acostumbrado - used to, accustomed
Estoy acostumbrado a vivir solo. *I'm used to living alone.*

261) cálido - warm

Me encanta este viento cálido. *I love this warm wind.*

262) grandioso - great

Eso fue grandioso. *That was great.*
Esas cosas son grandiosas. *Those things are great.*

263) avergonzado - ashamed, embarrassed

Te has avergonzado a ti misma. *You have embarrassed yourself.*

264) valioso - valuable

Aprendimos una lección valiosa. *We learned a valuable lesson.*

265) fabuloso - fabulous

Qué nombre tan fabuloso. *What a fabulous name.*

266) mortal - deadly

Este frío puede ser mortal. *This cold can be deadly.*

267) asombroso - amazing

Eso fue asombroso. *That was amazing.*
Creo que eres asombrosa. *I think you're amazing.*

268) inconsciente - unconscious

Me dejó inconsciente. *She knocked me unconscious.*

269) apropiado - appropriate

No sé si esto sea apropiado. *I don't know if this is appropriate.*

270) alegre - cheerful

Soy una persona alegre. *I'm a cheerful person.*

271) situado - located

Está situado delante de mí. *It's located in front of me.*

272) cruel - cruel
Esto demuestra lo crueles que son. *This shows how cruel they are.*

273) emocionado - excited
Estoy muy emocionado. *I'm very excited.*

274) lógico - logical
Es la elección más lógica. *It is the most logical choice.*

275) barato - cheap
Encontremos un lugar barato. *Let's find a cheap place.*

276) disponible - available
El alcalde no está disponible. *The mayor is not available.*

277) adorable - adorable
Son una pareja adorable. *They're an adorable couple.*

278) creativo - creative
Un curso de escritura creativa. *A creative writing course.*

279) semejante - similar, such
Para desarrollar un arma semejante. *To develop such a weapon.*

280) ansioso - anxious, eager
Estoy ansiosa por verla. *I'm anxious to see her.*

281) magnífico - magnificent
Un magnífico hombre de negocios. *A magnificent businessman.*

282) espantoso - frightening, awful
Esa es la parte espantosa. *That's the frightening part.*
Fue espantoso. *It was awful.*

283) cerebral - cerebral
No se trata de cirugía cerebral. *It's not about brain surgery.*

284) masculino - male

Necesito un modelo masculino. *I need a male model.*

285) inferior - lower, inferior

Me mordí el labio inferior. *I bit my lower lip.*

286) mojado - wet

Tu cabello está mojado. *Your hair is wet.*

287) harto - fed up

Estoy harto de esa canción. *I'm sick of that song.*

288) doloroso - painful

Debe haber sido muy doloroso. *It must have been very painful.*

289) sorprendente - surprising, amazing

Es un poco sorprendente. *It is a little surprising.*
¡Esto es sorprendente! *This is amazing!*

290) íntimo - intimate, close

Éramos amigos íntimos. *We were close friends.*

291) agotado - exhausted, sold out

Se ve completamente agotado. *He looks completely exhausted.*
Los boletos están agotados. *The tickets are sold out.*

292) marrón - brown

¿De aquel coche marrón? *From that brown car?*

293) nocturno - night

Llegan en el tren nocturno. *They come in on the night train.*

294) sensible - sensitive

La piel está muy sensible. *The skin is very sensitive.*

295) mundial - worldwide

Venció a un campeón mundial. *He beat a world champion.*

296) caro - expensive
Dijiste que era demasiado caro. *You said it was too expensive.*

297) invisible - invisible
Un mago la hizo invisible. *A magician made it invisible.*

298) tímido - shy
No seas tímido. *Don't be shy.*

299) suelto - loose
Déjate el pelo suelto. *Leave your hair down.*

300) prohibido - forbidden
Está prohibido comer o beber. *It's forbidden to eat or drink.*

Other words 151-300

151) de repente - suddenly
De repente, hubo un trueno. *Suddenly, there was a thunder.*

152) a través - through
Ella miró a través de mí. *She looked through me.*

153) anoche - last night
¿Adónde fuiste anoche? *Where did you go last night?*

154) completamente - completely
Eso es completamente innecesario. *That is completely unnecessary.*

155) ayer - yesterday
¿Por qué llorabas ayer? *Why were you crying yesterday?*

156) totalmente - totally
Me siento totalmente perdido. *I feel totally lost.*

157) vuestro, vuestra - your (informal) (Spa)
Es vuestro hermano, ¿verdad? *He's your brother, right?*
Ahora es vuestra oportunidad. *Now is your chance.*

158) según - according to
Según nuestras fuentes. *According to our sources.*

159) aquello - that (neuter)
Aquello es de otro mundo. *That's from another world.*

160) salvo - except
Ninguno de nosotros lo sabe, salvo yo. *None of us knows, except me.*

161) finalmente - finally

Qué gusto conocerla finalmente. *So nice to meet you finally.*

162) adónde - where

¿Adónde está el dormitorio? *Where is the bedroom?*

Voy adonde vaya mi amor. *I go where my love goes.*

163) a pesar de - despite

A pesar de todos los intentos. *Despite all the attempts.*

164) enseguida - right away

Deberíamos empezar enseguida. *We should start right away.*

Vuelvo enseguida. *I'll be right back.*

165) cuyo, cuya - whose

Niña cuyo nombre no recuerdo. *Girl whose name I don't remember.*

166) ay - oh!

Ay, ¿qué es todo esto? *Oh, what is all this?*

167) acá - here

¿Qué estás haciendo acá arriba? *What are you doing up here?*

Ven acá. *Come here.*

168) excepto - except

Nadie está despierto, excepto yo. *No one is awake, except me.*

169) directamente - directly

No lo dijo directamente. *He didn't say it directly.*

170) temprano - early

Yo llegué temprano. *I arrived early.*

Más temprano comamos, mejor. *The earlier we eat, the better.*

171) seguramente - probably

Seguramente has oído mucho sobre mí. *You probably heard a lot about me.*

172) absolutamente - absolutely
Estás absolutamente seguro? *Are you absolutely sure?*

173) despacio - slowly
Quería ir más despacio. *She wanted to go slower.*

174) definitivamente - definitely
Definitivamente tienen que salir. *They definitely have to leave.*

175) perfectamente - perfectly
Voy a encajar perfectamente. *I will fit perfectly.*

176) lentamente - slowly
Lentamente ella alzó la mirada. *Slowly she looked up.*

177) acaso - perhaps
¿Acaso estás loco? *Are you crazy?*
¿Acaso perdiste la cabeza? *Have you lost your mind?*
Tómalo, por si acaso. *Take it, just in case.*

178) solamente - only
Solamente puedo imaginar. *I can only imagine.*

179) obviamente - obviously
Obviamente estaba equivocado. *Obviously I was wrong.*

180) muchísimo - very much
Ella te quería muchísimo. *She loved you very much.*

181) a menudo - often
Tienes que salir más a menudo. *You have to go out more often.*

182) especialmente - especially
Especialmente después del trabajo. *Especially after work.*

183) debido a - because, due to
Debido a que es arriesgado. *Because it's risky.*
Debido a diversas razones. *Due to various reasons.*

184) rápidamente - quickly
Tuve que moverme rápidamente. *I had to move quickly.*

185) precisamente - precisely, just
Eso no es precisamente correcto. *That's not precisely correct.*
Precisamente estaba preocupada. *I was just worried.*

186) inmediatamente - immediately
No me iré inmediatamente. *I'm not leaving right away.*

187) ojalá - hopefully
Ojalá lo encuentre. *I hope I find him.*
Ojalá pudiera comer algo. *I wish I could eat something.*

188) normalmente - normally, usually
Normalmente consigo lo que quiero. *I usually get what I want.*

189) suficientemente - sufficiently, enough
Tecnología suficientemente avanzada. *Sufficiently advanced technology.*
No soy lo suficientemente fuerte. *I'm not strong enough.*

190) últimamente - lately
Ha estado suspicaz últimamente. *He's been suspicious lately.*

191) aparte - apart
Aparte de eso, ¿cómo estás? *Apart from that, how are you doing?*

192) claramente - clearly
Claramente estaba mintiendo. *He was clearly lying.*

193) a partir de - from

Dos años a partir de ahora. *Two years from now.*
No trabajaré a partir de hoy. *I will not work from today.*

194) vos - you (informal) (Arg, Uy, Py, C.Am)

Pensé que eras vos. *I thought it was you.*
Yo te doy eso a vos. *I give that to you.*
Vos sos su novio. *You're her boyfriend.*

195) u - or

De una manera u otra. *One way or another.*
Dentro de unos siete u ocho meses. *In about seven or eight months.*

196) aparentemente - apparently

Aparentemente está teniendo dudas. *Apparently she's having doubts.*

197) profundamente - deeply

Está profundamente dormida. *She's deeply asleep.*

198) recién - just, newly

Recién la conocí hoy. *I just met her today.*
Recién empecé la semana pasada. *I just started last week.*

199) naturalmente - naturally, of course

Naturalmente que te recuerdo. *Of course, I remember you.*

200) prácticamente - practically

Son prácticamente hermanas. *You're practically sisters.*

201) enfrente - in front, opposite

Justo enfrente de ti. *Right in front of you.*
Las personas que viven enfrente. *The people that live opposite.*

202) personalmente - personally

Él conoce a todos personalmente. *He knows everyone personally.*

203) deprisa - quickly

Así que he vuelto deprisa. *So I came back quickly.*

Trabajemos más deprisa. *Let's work faster.*

204) guau - wow!

Guau, te queda de maravilla. *Wow, it looks amazing on you.*

205) suavemente - gently

Luego sonrió suavemente. *Then she smiled softly.*

206) consigo - with him/her/you

Usted debió traerla consigo. *You must have brought it with you.*

No trajo nada consigo. *He didn't bring anything with him.*

207) en torno - around

Mi vida ha girado en torno a ti. *My life has revolved around you.*

208) posiblemente - possibly

Demasiado cerca, posiblemente. *Too close, possibly.*

209) a bordo - aboard

Necesitas subir a bordo. *You need to get on board.*

210) ligeramente - lightly, slightly

Las cosas son ligeramente diferentes. *Things are slightly different.*

211) literalmente - literally

Ése me tomó literalmente dos horas. *That took me literally two hours.*

212) sinceramente - sincerely, honestly

Sinceramente, nunca lo noto. *Honestly, I never notice it.*

213) sencillamente - simply

Sencillamente se desvanecen. *They simply fade away.*

Sencillamente confía en ti mismo. *Just trust yourself.*

214) oficialmente - officially
No fue aprobado oficialmente. *It was not officially approved.*

215) fácilmente - easily
No te entregues tan fácilmente. *Don't give it up too easily.*

216) verdaderamente - really, truly
Con algo verdaderamente único. *With something really unique.*

217) básicamente - basically
Esas son las reglas, básicamente. *Those are the rules, basically.*

218) honestamente - honestly
Honestamente no sé si es verdad. *I honestly don't know if it's true.*

219) súper - super
Estoy súper ocupada. *I'm super busy.*

220) recientemente - recently
Ella rompió con él recientemente. *She broke up with him recently.*

221) ciertamente - certainly
Ciertamente no actúas así. *You certainly don't act like it.*

222) bruscamente - abruptly
Me interrumpió bruscamente. *He interrupted me abruptly.*

223) nuevamente - again
¿Crees que lo intentará nuevamente? *Do you think he'll try again?*

224) igualmente - equally, likewise
Igualmente me alegro de verle. *I'm glad to see you as well.*
Gusto en verte. - Igualmente. *Good to see you. - You too.*

225) increíblemente - incredibly
Están increíblemente limpios. *They're incredibly clean.*

226) efectivamente - really, indeed
Si efectivamente lo hacemos. *If we really do it.*
Si, efectivamente. *Yes, indeed.*

227) evidentemente - obviously
Evidentemente cambió de opinión. *He obviously changed his mind.*

228) terriblemente - terribly
Lamento terriblemente todo esto. *I'm terribly sorry for all this.*

229) técnicamente - technically
Técnicamente, era su tarea. *Technically, it was his homework.*

230) francamente - frankly
Francamente, creo que es suficiente. *Frankly, I think that's enough.*

231) constantemente - constantly
Estoy constantemente paranoica. *I'm constantly paranoid.*

232) no obstante - however, nevertheless
No obstante, no era tan complicado. *However, it wasn't so complicated.*
Ella te quería mucho, no obstante. *She loved you very much nonetheless.*

233) aproximadamente - approximately
En aproximadamente una semana. *In about a week.*

234) únicamente - only, solely
Únicamente no se olvide de mí. *Just don't forget about me.*
Basadas únicamente en el pelo. *Based solely on the hair.*

235) desafortunadamente - unfortunately
Desafortunadamente, no será arreglado. *Unfortunately, it won't be fixed.*

236) caramba - gee!
Bueno, caramba, no lo sé. *Well, gee, I don't know.*
Caramba, espero que esto funcione. *Gosh, I hope this works.*

237) tranquilamente - calmly
Puedes decírmelo tranquilamente. *You can tell me calmly.*

238) seriamente - seriously
Te lo digo seriamente. *I'm telling you seriously.*

239) supuestamente - supposedly
¿Qué significa eso supuestamente? *What's that supposed to mean?*
Supuestamente venía mañana. *She was supposed to come tomorrow.*

240) extremadamente - extremely
Soy extremadamente tranquilo. *I'm extremely calm.*

241) mentalmente - mentally
Está mentalmente inestable. *He's mentally unstable.*

242) afortunadamente - fortunately
Afortunadamente llegó a tiempo. *Fortunately, he arrived on time.*

243) mediante - by means of, through
Mediante la educación y el trabajo. *Through education and work.*

244) caray - wow!
Caray, cuánta gente. *Wow, a lot of people.*
Caray, ¿en serio? *Wow, really?*

245) generalmente - usually
Generalmente me quedo en el coche. *I usually stay in the car.*

246) desesperadamente - desperately
Quiero tenerlos desesperadamente. *I want to have them*

desperately.

247) justamente - exactly, just
Es justamente eso lo que necesito. *That's exactly what I need.*
Vale, justamente voy a continuar. *Okay, I'm just going to continue.*

248) físicamente - physically
Para estar físicamente más activo. *To be more physically active.*

249) conforme - according to
Las cosas van conforme a lo previsto. *Things go according to plan.*
Creo que estaba conforme. *I think he was satisfied.*

250) continuamente - continuously
Es lo que te digo continuamente. *That's what I keep telling you.*

251) necesariamente - necessarily
No necesariamente. *Not necessarily.*

252) correctamente - correctly
Si recuerdo correctamente. *If I remember correctly.*

253) particularmente - particularly
No fue particularmente discreto. *He wasn't particularly discreet.*

254) actualmente - currently
Actualmente no estoy alquilando. *I'm currently not renting.*

255) quienquiera - whoever
Quienquiera que seas. *Whoever you are.*
Quienquiera que hizo esto. *Whoever did this.*

256) fuertemente - strongly
Algo que le aconsejo fuertemente. *Something that I strongly advise.*

257) extrañamente - strangely

Luces extrañamente callado. *You seem strangely quiet.*

258) emocionalmente - emotionally
Está emocionalmente ligado a ti. *He is emotionally bonded to you.*

259) sumamente - extremely, highly
Como la sumamente eficaz dieta. *Like the highly effective diet.*

260) atentamente - attentively, carefully
Escúchame muy atentamente. *Listen to me very carefully.*

261) cuidadosamente - carefully
Quiero que pienses cuidadosamente. *I want you to think carefully.*
Lenta y cuidadosamente. *Slowly and carefully.*

262) lamentablemente - sadly, unfortunately
Lamentablemente, no. *Sadly, no.*

263) de reojo - sideways
Por mirarle de reojo. *For looking at him sideways.*

264) fijamente - fixedly
Me estás mirando fijamente. *You're staring at me.*

265) brevemente - briefly
Sólo lo consideré brevemente. *I only considered it briefly.*

266) desgraciadamente - unfortunately
Yo tampoco, desgraciadamente. *Me neither, unfortunately.*

267) súbitamente - suddenly
Me sentí súbitamente más frío. *I suddenly felt colder.*

268) accidentalmente - accidentally
Accidentalmente golpeé el espejo. *I accidentally hit the mirror.*

269) principalmente - mainly
Dependerá principalmente de ti. *It will mainly depend on you.*

270) levemente - slightly, lightly
Me resulta levemente divertida. *I find it slightly amusing.*

271) sorprendentemente - surprisingly
Fue sorprendentemente exitoso. *He was surprisingly successful.*

272) mutuamente - mutually
Es mutuamente benéfico. *It's mutually beneficial.*

273) amablemente - kindly
Ya que lo pide tan amablemente. *Since he asks so nicely.*

274) repentinamente - suddenly
Repentinamente, la puerta se abría. *Suddenly, the door opened.*

275) vagamente - vaguely
Recuerdo esa cara vagamente. *I vaguely remember that face.*

276) altamente - highly
Una planta altamente tóxica. *A highly toxic plant.*

277) curiosamente - curiously
Curiosamente, no siento celos. *Interestingly, I'm not jealous.*

278) específicamente - specifically
Pidió por ti específicamente. *He asked for you specifically.*

279) permanentemente - permanently
Me refiero a permanentemente. *I mean permanently.*

280) usualmente - usually
Usualmente pasa justo antes. *It usually happens just before.*

281) visiblemente - visibly
Se mostró visiblemente aliviado. *He was visibly relieved.*

282) estrictamente - strictly
Estrictamente hablando. *Strictly speaking.*

283) Su Señoría - Your Honor
Su Señoría, no entiendo. *Your Honor, I don't understand.*

284) apresuradamente - hastily
No hagas nada apresuradamente. *Don't do anything hastily.*

285) tremendamente - tremendously
Esto es tremendamente útil. *This is tremendously useful.*

286) plenamente - fully
Él está plenamente convencido. *He is fully convinced.*

287) felizmente - happily
Están felizmente casados. *They are happily married.*

288) relativamente - relatively
Una vida relativamente normal. *A relatively normal life.*

289) exclusivamente - exclusively
Esta historia es exclusivamente mía. *This story is exclusively mine.*

290) legalmente - legally
Estoy en este país legalmente. *I'm in this country legally.*

291) firmemente - firmly, strongly
Estoy firmemente en desacuerdo. *I strongly disagree.*

292) eventualmente - eventually
Eventualmente estaba tan asustada. *Eventually I was so scared.*

293) abiertamente - openly

Ella ha admitido abiertamente. *She openly admitted.*

294) alegremente - happily

Cantaba alegremente en el baño. *He sang happily in the bathroom.*

295) detenidamente - carefully

Tengo que pensarlo detenidamente. *I have to think carefully.*

296) libremente - freely

Este individuo piensa libremente. *This individual thinks freely.*

297) enormemente - enormously

Me influenció enormemente. *It influenced me enormously.*

298) concretamente - specifically

¿Qué números concretamente? *What numbers specifically?*

299) temporalmente - temporarily

Vivo aquí temporalmente. *I live here temporarily.*

300) difícilmente - hardly

Difícilmente ellos te ven. *They hardly get to see you.*

Nationalities

América del Norte - North America
los Estados Unidos, EE.UU. - U.S.
Canadá - Canada
México - Mexico
América Latina - Latin America
el Caribe - the Caribbean
Panamá - Panama
Jamaica - Jamaica
República Dominicana - Dominican Rep.

americano/a, canadiense, mexicano/a, panameño/a, jamaicano/a, dominicano/a

América del Sur - South America
Colombia - Colombia
Venezuela - Venezuela
Ecuador - Ecuador
el Perú - Peru
Bolivia - Bolivia
Paraguay - Paraguay
Uruguay - Uruguay
Chile - Chile
Argentina - Argentina
Brasil - Brazil

colombiano/a, venezolano/a, ecuatoriano/a, peruano/a, boliviano/a, paraguayo/a, uruguayo/a, chileno/a, argentino/a, brasileño/a

Europa - Europe
la Unión Europea, UE - EU
el Reino Unido - UK
Inglaterra - England
Escocia - Scotland

Irlanda - Ireland
Islandia - Iceland
Noruega - Norway
Suecia - Sweden
Dinamarca - Denmark
Finlandia - Finland

europeo/a, británico/a, inglés/esa, escocés/esa, irlandés/esa, islandés/esa, noruego/a, sueco/a, danés/esa, finlandés/esa

Alemania - Germany
Austria - Austria
Suiza - Switzerland
los Países Bajos - Netherlands
Holanda - Holland
Bélgica - Belgium
Luxemburgo - Luxembourg
Francia - France
Italia - Italy
España - Spain
Portugal - Portugal

alemán/a, austríaco/a, suizo/a, holandés/esa, belga, luxemburgués/esa, francés/esa, italiano/a, español/a, portugués/esa

Estonia - Estonia
Letonia - Latvia
Lituania - Lithuania
Polonia - Poland
República Checa - Czech Rep.
Eslovaquia - Slovakia
Eslovenia - Slovenia
Croacia - Croatia
Hungría - Hungary
Rumania - Romania
Bulgaria - Bulgaria

estonio/a, letón/ona, lituano/a, polaco/a, checo/a, eslovaco/a, esloveno/a, croata, húngaro/a, rumano/a, búlgaro/a

Serbia - Serbia
Albania - Albania
Grecia - Greece
Chipre - Cyprus
Turquía - Turkey
Ucrania - Ukraine
Rusia - Russia
Bielorrusia - Belarus
Georgia - Georgia
Azerbaiyán - Azerbaijan

serbio/a, albanés/esa, griego/a, chipriota, turco/a, ucraniano/a, ruso/a, bielorruso/a, georgiano/a, azerbaiyano/a

el Oriente Medio - Middle East
Arabia Saudita - Saudi Arabia
los Emiratos Árabes Unidos - UAE
Israel - Israel
Jordania - Jordan
el Líbano - Lebanon
Siria - Syria
Irak - Iraq
Irán - Iran
Afganistán - Afghanistan
Pakistán - Pakistan

árabe, saudí, israelí, jordano/a, libanés/esa, sirio/a, iraquí, iraní, afgano/a, pakistaní

África - Africa
Egipto - Egypt
Marruecos - Morocco

Nigeria - Nigeria
Camerún - Cameroon
Etiopía - Ethiopia
Kenia - Kenya
Mozambique - Mozambique
Sudáfrica - South Africa

africano/a, egipcio/a, marroquí, nigeriano/a, camerunés/esa, etíope, keniano/a, mozambiqueño/a, sudafricano/a

Asia - Asia
India - India
China - China
Japón - Japan
Corea del Sur - South Korea
Sudeste Asiático - Southeast Asia
Tailandia - Thailand
Camboya - Cambodia
Vietnam - Vietnam
Filipinas - Philippines
Malasia - Malaysia
Indonesia - Indonesia
Singapur - Singapore
Australia - Australia
Nueva Zelanda - New Zealand

asiático/a, indio/a, chino/a, japonés/esa, coreano/a, tailandés/esa, camboyano/a, vietnamita, filipino/a, malayo/a, indonesio/a, singapurense, australiano/a, neocelandés/esa

Part 3:
3000 words

Nouns 1001-1550

1001) la rama - branch
Golpeé la rama de un árbol. *I hit a tree branch.*

1002) el león - lion
Él tiene un corazón de león. *He has a lion heart.*

1003) el caramelo - candy, caramel
No des demasiado caramelos. *Don't give too much candy.*

1004) el impuesto - tax
Tienes que pagar los impuestos. *You have to pay taxes.*

1005) el político - politician
Al igual que cualquier otro político. *Like any other politician.*

1006) el aceite - oil
Usaron mi aceite de oliva. *They used my olive oil.*

1007) la debilidad - weakness
Gritar es un signo de debilidad. *Yelling is a sign of weakness.*

1008) la onda - wave
Quiero probar con onda corta. *I want to try with short wave.*

1009) la recompensa - reward
Ella no quiere la recompensa. *She doesn't want the reward.*

1010) la ventanilla - window, ticket window
Tú escribiste en la ventanilla. *You wrote on the window.*

1011) la ensalada - salad
¿Quieres un poco de ensalada? *Do you want some salad?*

1012) el ánimo - mood
¿Cuál es tu estado de ánimo? *What is your mood?*

1013) el ciudadano - citizen
Soy un ciudadano del mundo. *I'm a citizen of the world.*

1014) el historial - record
Tu historial de trabajo reciente. *Your recent employment history.*

1015) la dama - lady
Él debería hablar con una dama. *He should talk to a lady.*
Damas y caballeros. *Ladies and gentlemen.*

1016) el grano - grain, pimple
Vamos directo al grano. *Let's get to the point.*
Los granos desaparecen. *Pimples go away.*

1017) el lujo - luxury
Tú quieres lujo y fiestas. *You want luxury and parties.*

1018) el comedor - dining room
Usted debe comer en el comedor. *You should eat in the dining room.*

1019) el campeón - champion
Él era el campeón mundial. *He was the world champion.*

1020) el disfraz - fancy dress, disguise
¿Por qué no se puso un disfraz? *Why aren't you in fancy dress?*

1021) la carcajada - laughter
¿Te reíste a carcajadas? *You were laughing so hard?*

1022) el logro - achievement
Es un logro sorprendente. *It's an amazing achievement.*

1023) la demanda - demand, lawsuit
Podrías presentar una demanda. *You could file a lawsuit.*

1024) la mantequilla - butter
Olvidé comprar mantequilla. *I forgot to buy butter.*

1025) la cabina - cabin, booth
Finalmente he encontrado una cabina. *I finally found a payphone.*

1026) el nacimiento - birth
¿Es tu año de nacimiento? *Is that your birth year?*

1027) el significado - meaning, significance
¿Tiene algún significado para tí? *Does it have any meaning for you?*

1028) la primavera - spring
Durante las vacaciones de primavera. *During spring break.*

1029) el campamento - camp
¿Por qué te fuiste del campamento? *Why did you leave the camp?*

1030) la mueca - grimace
¿Puedes hacer muecas? *Can you make funny faces?*

1031) el lenguaje - language
Teníamos nuestro lenguaje secreto. *We had our secret language.*

1032) el entrenador - coach, trainer
Voy a necesitar un entrenador. *I'm going to need a trainer.*

1033) el científico - scientist
Le diré a mi equipo de científicos. *I'll tell my team of scientists.*

1034) el maletín - briefcase
¿Qué había en ese maletín? *What was in that briefcase?*

1035) la joya - jewel
Mis joyas están en la caja fuerte. *My jewelry is in the safe.*

1036) el collar - necklace
Es un collar tan bonito. *It's such a pretty necklace.*

1037) el/la terapeuta - therapist
Al final vi a un terapeuta. *I finally saw a therapist.*

1038) el timbre - doorbell
El timbre está sonando. *The bell is ringing.*

1039) el regazo - lap
¿Puedo sentarme en tu regazo? *Can I sit on your lap?*

1040) la ausencia - absence
Yo apenas he notado su ausencia. *I've barely noticed your absence.*

1041) el hígado - liver
Acaba de llegar un hígado. *A liver has just arrived.*

1042) el vendedor - salesman
¿Qué clase de vendedor eres? *What kind of salesman are you?*

1043) el asalto - assault
Fue a prisión por asalto. *He went to prison for assault.*

1044) el horno - oven, furnace
Pondré tu cena en el horno. *I'll put your dinner in the oven.*

1045) la dosis - dose
Voy a aumentar la dosis. *I'll increase the dose.*

1046) la sobra - surplus, leftover
Tenemos sitio de sobra. *We have plenty of room.*
Tenemos unas sobras de pollo. *We have some chicken leftovers.*

1047) la consulta - consultation, office
Necesito de una consulta. *I need a consultation.*
Llegó a la consulta del médico. *He came to the doctor's office.*

1048) el veneno - poison
Debido a que es un veneno. *Because it's a poison.*

1049) el cumplido - compliment
Toma eso como un cumplido. *Take that as a compliment.*

1050) la sopa - soup
Voy a calentar la sopa. *I'll warm up the soup.*

1051) el callejón - alley
Hay un callejón a la derecha. *There's an alley on the right.*
Es un callejón sin salida. *It's a dead end.*

1052) la gallina - hen
Pareces una gallina desplumada. *You're like a plucked chicken.*

1053) el investigador - researcher, investigator
He llamado a tu investigador. *I called your investigator.*

1054) la guía - guide
Mi libro guía es muy sencillo. *My guidebook is very simple.*

1055) la vena - vein
Tienden a cortarse las venas. *They tend to cut their veins.*

1056) el beneficio - benefit
No es el único beneficio. *It's not the only benefit.*

1057) el secuestro - kidnapping, hijacking
Ellos están planeando un secuestro. *They're planning a kidnapping.*

1058) el cementerio - cemetery
Está construido sobre un cementerio. *It is built on a cemetery.*

1059) el perfil - profile
Encaja en el perfil psicológico. *Fits the psychological profile.*

1060) el título - title, degree
Vamos a empezar por el título. *Let's start with the title.*
Tengo un título universitario. *I have a college degree.*

1061) el tacón - heel (shoe)
Puedes caminar en tacones altos. *You can walk in high heels.*

1062) el hechizo - spell
Nadie romperá nuestro hechizo. *No one will break our spell.*

1063) la gira - tour
Después de una gira mundial. *After a world tour.*

1064) el tablero - board
Otra pieza en el tablero. *Another piece on the board.*

1065) el cirujano - surgeon
Acabo de hablar con el cirujano. *I just talked to the surgeon.*

1066) la pata - leg (animal), paw
Un ganso con pequeñas patas. *A goose with small legs.*
Tenía una pata sangrienta. *He had a bloody paw.*

1067) el sello - stamp
Sólo necesitaba un sello. *I just needed a stamp.*

1068) el corredor - corridor, runner
Estoy revisando todos los corredores. *I'm checking all the corridors.*
Ella es una corredora. *She is a runner.*

1069) la moto - motorcycle
Tú vas a conducir esta moto. *You're going to drive this bike.*

1070) el escalofrío - chill, shiver
Me da escalofríos. *It gives me chills.*
Me acaba de dar un escalofrío. *I just got a shiver.*

1071) la mesera / la camarera - waitress (L.Am/Spa)
Yo trabajo de mesera. *I work as a waitress.*
Coqueteó con la camarera. *He flirted with the waitress.*

1072) el apellido - surname
Ni siquiera tenía tu apellido. *I didn't even have your last name.*

1073) la rapidez - speed
No puedes responder con rapidez. *You can't answer quickly.*

1074) el alquiler - rent
Pagan su alquiler en efectivo. *They pay their rent in cash.*

1075) la probabilidad - probability, likelihood
La probabilidad es muy alta. *The probability is very high.*

1076) la suavidad - smoothness
Me está sacudiendo con suavidad. *He is shaking me gently.*

1077) el codo - elbow
Mantenga el codo elevado. *Keep your elbow high.*

1078) el sobrino - nephew
Podría dejársela a mi sobrino. *I could leave it to my nephew.*

1079) la petición / el pedido - request (--/L.Am)
¿Puedo hacer una petición? *Can I make a request?*
No puedo rechazar un pedido. *I can't turn down a request.*

1080) la jaula - cage
Hay que cerrar la jaula. *We must close the cage.*

1081) el amanecer - dawn
Bailamos hasta el amanecer. *We dance until dawn.*

1082) el revés - reverse
Debería ser al revés. *It should be the other way around.*
Tu libro está al revés. *Your book is upside down.*

1083) el suspiro - sigh
Conozco ese suspiro. *I know that sigh.*

1084) el gimnasio - gym
¿Has estado yendo al gimnasio? *You been going to the gym?*

1085) la temporada - season
Es la temporada de lluvias. *It's the rainy season.*

1086) la estupidez - stupidity
No hagas ninguna estupidez. *Don't do anything stupid.*

1087) el don - gift, talent
Sí que tienes un gran don. *You do have a great gift.*

1088) el sacerdote - priest
Agradezco a nuestro sacerdote. *I thank our priest.*

1089) el deber - duty, homework (pl.)
Nosotros tenemos el deber. *We have a duty.*
¿Estás haciendo los deberes? *Are you doing your homework?*

1090) la ruta - route
Esta es la ruta más directa. *This is the most direct route.*

1091) la vaca - cow

Compré una vaca por mucho menos. *I bought a cow for much less.*

1092) la caricia - caress

Con una simple caricia. *With a simple touch.*

1093) el recorrido - tour, route

Les daré un recorrido. *I will give you a tour.*
No te mostré mi recorrido. *I haven't shown you my route.*

1094) el conjunto - set, group, outfit

Todo un conjunto de desafíos. *A whole set of challenges.*
Tomados en conjunto. *Taken together.*

1095) el reconocimiento - recognition

Tiene reconocimiento de voz. *It has voice recognition.*

1096) la cueva - cave

¿Preferiría quedarse en la cueva? *You'd rather stay in the cave?*

1097) el rumbo - course, direction

¿Seguro de que éste es el rumbo? *Are you sure we're on course?*
Mantén el rumbo. *Stay on course.*

1098) el lavabo - sink, washbasin

El lavabo está atascado. *The sink is clogged.*

1099) el nudo - knot

Tienes un nudo justo ahí. *You have a knot right there.*

1100) la excitación - excitement

Con creciente excitación. *With growing excitement.*

1101) el diseño - design

Nunca hemos visto este diseño. *We've never seen this design.*

1102) la envidia - envy, jealousy
Les tengo mucha envidia. *I'm so jealous of you guys.*

1103) la barba - beard
Parecerías raro con barba. *You'd look weird with a beard.*

1104) el susto - fright
Casi me mata del susto. *She scared me to death.*

1105) la certeza - certainty
No lo sabemos con certeza. *We don't know that for sure.*

1106) el faro - lighthouse, headlights (pl.)
A el antiguo faro. *To the old lighthouse.*
Con los faros encendidos. *With the headlights on.*

1107) la década - decade
Durante más de una década. *For more than a decade.*

1108) los gemelos - twins
Vamos a tener gemelos. *We're having twins.*

1109) el sueldo - salary
Estarías ganando un buen sueldo. *You'd be making a good salary.*

1110) la chimenea - fireplace, chimney
Lo tiró a la chimenea. *He threw it in the fireplace.*
Papá subió la chimenea. *Dad went up the chimney.*

1111) la prioridad - priority
Este expediente tiene prioridad. *This file has priority.*

1112) el combustible - fuel
Debe tener suficiente combustible. *It must have enough fuel.*

1113) la gasolina - gasoline
¿Puedes pagar por gasolina? *Can you pay for gas?*

1114) el paraíso - paradise
Este lugar es el paraíso. *This place is paradise.*

1115) los calzones / las bragas - panties (L.Am/Spa)
Encontramos los calzones. *We found the panties.*
No me mires las bragas. *Don't look at my panties.*

1116) el sorbo - sip
Tomé un sorbo de vino. *I took a sip of wine.*

1117) el bote - boat
El bote estará en la playa. *The boat will be on the beach.*

1118) el tomate - tomato
A mí me gusta la salsa de tomate. *I like tomato sauce.*

1119) el sacrificio - sacrifice
Es acerca del sacrificio mutuo. *It's about mutual sacrifice.*

1120) la molestia - bother, trouble
Disculpe la molestia. *Sorry to bother.*
No es ninguna molestia. *It's no bother at all.*

1121) la corona - crown
Es una especie de corona. *It's a sort of crown.*

1122) la audiencia - audience, hearing
Estuvo en la audiencia. *She was at the hearing.*

1123) el/la cantante - singer
Tú no eres sólo una cantante. *You're not just a singer.*

1124) el reflejo - reflection, reflex
Mi reflejo en el espejo. *My reflection in the mirror.*
Fue sólo un reflejo. *It was just a reflex.*

1125) el guerrero - warrior
Tienes ojos de guerrero. *You have warrior eyes.*

1126) la niñera - babysitter, nanny
Ellos están buscando una niñera. *They're looking for a babysitter.*

1127) la curva - curve, bend
Se saltó la curva. *He jumped the curve.*
Cerca de la próxima curva. *Near the next bend.*

1128) la sed - thirst
Tengo mucha sed. *I'm so thirsty.*

1129) la célula - cell
Dejan células de la piel. *They leave skin cells.*

1130) la angustia - anguish
Mucho dolor y angustia. *A lot of pain and anguish.*

1131) la mandíbula - jaw
Le rompiste la mandíbula. *You broke his jaw.*

1132) el calcetín / la media - sock (--/L.Am)
Sácate los calcetines. *Take off your socks.*
No hay medias en el cajón. *There are no socks in the drawer.*

1133) el cuñado - brother-in-law
¿Luchar con tu cuñado? *Fight with your brother-in-law?*

1134) la tabla - board, table
Quiero comprar una tabla de surf. *I want to buy a surfboard.*
En la tabla periódica. *In the periodic table.*

1135) el fenómeno - phenomenon
Se convierte en un fenómeno. *It becomes a phenomenon.*

1136) el margen - margin
Nuestro margen de beneficio. *Our profit margin.*

1137) la librería - bookstore
Debo ir a la librería. *I have to go to the bookstore.*

1138) la creencia - belief
Usted tiene sus creencias. *You have your beliefs.*

1139) la desesperación - desperation, despair
Aquí nunca verás desesperación. *You will never see despair here.*

1140) la madrugada - early morning, dawn
Son las tres de la madrugada. *It's three in the morning.*

1141) la oración - prayer, sentence
Soy humilde en la oración. *I'm humble in prayer.*
Escribió dos oraciones. *He wrote two sentences.*

1142) las cenizas - ashes
Surgió de las cenizas. *He rose from the ashes.*

1143) la manga - sleeve
¿Qué tienen de malo las mangas? *What's wrong with the sleeves?*

1144) el centavo - cent, penny
Le di hasta el último centavo. *I gave him every penny.*

1145) la sal - salt
Sólo necesita un poco de sal. *It just needs a little salt.*

1146) el cristiano - Christian
Su padre era cristiano. *His father was a Christian.*

1147) la profundidad - depth
Hasta diez metros de profundidad. *Up to ten meters deep.*

1148) la nave - ship, craft
No es una nave espacial. *It's not a spaceship.*

1149) la velada - evening
Ha sido una encantadora velada. *It has been a lovely evening.*

1150) el ajedrez - chess
Juega ajedrez bastante bien. *He plays chess pretty well.*

1151) el arco - bow, arch
Quería usar arco y flecha. *He wanted to use bow and arrow.*
Que arco iris más bonito. *What a lovely rainbow.*

1152) el desierto - desert
Se estrelló en el desierto. *It crashed in the desert.*

1153) la pandilla - gang
¿Te uniste a una pandilla? *Have you joined a gang?*

1154) el idioma - language
Ella habla ahora tres idiomas. *Now she speaks three languages.*

1155) el gatillo - trigger
Casi apretó el gatillo. *He almost pulled the trigger.*

1156) la confesión - confession
Debo hacer una confesión. *I have to make a confession.*

1157) el sendero - path
También hay un sendero para correr. *There's also a jogging path.*

1158) el alimento - food
Compra alimento para los animales. *He buys food for the animals.*

1159) la facultad - faculty
¿Fue a la facultad de medicina? *Did he go to medical school?*

1160) el traficante - trafficker, dealer
Es traficante de diamantes. *He's a diamond dealer.*

1161) la diosa - goddess
Esa mujer es una diosa. *That woman is a goddess.*

1162) el propietario - owner
Era un simple propietario de bar. *He was a simple bar owner.*

1163) el embarazo - pregnancy
Tengo tres meses de embarazo. *I'm three months pregnant.*

1164) la campana - bell
El sonido de la campana. *The sound of the bell.*

1165) el globo - balloon, globe
¿Podría ser un globo? *Could it be a balloon?*

1166) el equilibrio - balance
Debes mantener el equilibrio. *You need to maintain balance.*

1167) el parto - childbirth
Estaré en la sala de parto. *I will be in the delivery room.*

1168) el origen - origin
Aunque nadie sabía el origen. *Although no one knew the origin.*

1169) la fianza - bail
¿Cuánto ha costado la fianza? *How much was the bail?*

1170) el oxígeno - oxygen
No hay oxígeno suficiente. *There's not enough oxygen.*

1171) el césped - lawn, grass
Saca a todos de mi césped. *Get everyone off my lawn.*

1172) el ganador - winner
Esto me hace el ganador. *This makes me the winner.*

1173) la actriz - actress
Eres una actriz maravillosa. *You are an amazing actress.*

1174) la fuga - escape, leak
Uno de los intentos de fuga. *One of the escape attempts.*
Acabo de encontrar una fuga. *I just found a leak.*

1175) los celos - jealousy
Tiene unos celos locos. *She gets crazy jealous.*

1176) la eternidad - eternity
Es tan profundo como la eternidad. *It's as deep as eternity.*

1177) el canto - singing
Casi puedo oir el canto. *I can almost hear the singing.*

1178) el individuo - individual, guy
La felicidad de todo individuo. *The happiness of every individual.*

1179) la confusión - confusion
Una confusión en mi cabeza. *A confusion in my head.*

1180) la mosca - fly
No dañaría a una mosca. *He wouldn't hurt a fly.*
¿Qué mosca te ha picado? *What has gotten into you?*

1181) la dulzura - sweetness
Adivina de nuevo, dulzura. *Guess again, sweetie.*

1182) el volante - steering wheel

Te quedaste dormido al volante. *You fell asleep at the wheel.*

1183) el rehén - hostage

Liberaron a todos los rehenes. *They released all the hostages.*

1184) el puñetazo - punch

Me dieron un puñetazo en la cara. *I got punched in the face.*

1185) la subasta - auction

Conseguí esta en una subasta. *I got this in an auction.*

1186) la estantería - bookcase, shelf

¿En qué estantería están? *What shelf are they on?*

1187) el chaleco - vest

Cuando te pones este chaleco. *When you put on this vest.*

1188) el huésped - guest

Tenemos un huésped no anunciado. *We have an unannounced guest.*

1189) la decepción - disappointment

Fue una gran decepción. *It was a big disappointment.*

1190) la química - chemistry

Era pésimo en química. *I was terrible at chemistry.*

1191) la coartada - alibi

Tenía una coartada sólida. *He had a solid alibi.*

1192) la cicatriz - scar

Tiene una cicatriz en su rostro. *He has a scar on his face.*

1193) los auriculares - headphones

Póngase los auriculares. *Put the headphones on.*

1194) la electricidad - electricity
¿Qué pasó con la electricidad? *What happened to the electricity?*

1195) las zapatillas - sneakers
No me pondría esas zapatillas. *I wouldn't wear those shoes.*

1196) el bombero - firefighter
Los bomberos vienen en camino. *The firemen are on their way.*

1197) la tapa - cover, lid
Intentaré sacar la tapa. *I will try to remove the cover.*
Sólo mantenlo sin tapa. *Just keep it without a lid.*

1198) el mago - magician
El antiguo mago griego. *The ancient Greek magician.*

1199) el sostén / el sujetador - bra (L.Am/Spa)
Muéstrame tu sostén. *Show me your bra.*
¿Dónde conseguiste ese sujetador? *Where did you get that bra?*

1200) el traidor - traitor
Resultó ser un traidor. *He turned out to be a traitor.*

1201) la paliza - beating
Me dará una paliza. *She'll beat me up.*

1202) el/la especialista - specialist, expert
Sin embargo soy un especialista. *I'm a specialist, though.*

1203) el brindis - toast (honor)
Me gustaría proponer un brindis. *I'd like to propose a toast.*

1204) la goma - rubber, eraser
He visto guantes de goma. *I saw some rubber gloves.*
Aún huele a goma de mascar. *Still smells like chewing gum.*

1205) el hoyo - pit, hole
El hoyo fue cavado tal vez. *The pit was dug maybe.*
Hoyos taladrados en el piso. *Holes drilled in the floor.*

1206) la costilla - rib
Esa costilla está rota. *That rib is broken.*

1207) el fracaso - failure
La boda no fue un fracaso. *The wedding wasn't a failure.*

1208) la supervivencia - survival
Para garantizar la supervivencia. *To guarantee survival.*

1209) la araña - spider
Un frasco con una araña enorme. *A jar with a huge spider.*

1210) el exceso - excess
Los detuvo por exceso de velocidad. *He stopped them for speeding.*

1211) el colchón - mattress
No puedes devolver un colchón. *You can't return a mattress.*

1212) la juventud - youth
Cometí errores en mi juventud. *I made mistakes in my youth.*

1213) el dispositivo - device
Me contó acerca del dispositivo. *He told me about the device.*

1214) el gasto - expense, spending
Para los gastos del hogar. *For the household expenses.*

1215) las afueras - outskirts
A las afueras de la ciudad. *Just outside the city.*

1216) la seña - sign, address (pl.)
Le hace una seña al camarero. *He signals to the waiter.*

236

Déjame darte las señas. *Let me give you the address.*

1217) la conducta - conduct, behavior
Es una conducta inaceptable. *This is unacceptable behavior.*

1218) el aplauso - applause
Estaba esperando un aplauso. *I was expecting applause.*

1219) la violación - violation, rape
La violación de sus derechos. *The violation of his rights.*
Un hombre acusado de violación. *A man accused of rape.*

1220) la paloma - pigeon, dove
¿Por qué volvería una paloma? *Why would a pigeon come back?*

1221) la desaparición - disappearance
La desaparición de un adolescente. *The disappearance of a teenager.*

1222) el umbral - threshold
Esta noche ha cruzado el umbral. *Tonight he crossed the threshold.*

1223) la lesión - injury
Podría ser una lesión pulmonar. *It could be a lung injury.*

1224) el chaval - kid (Spa)
Cuida tus pasos, chaval. *Watch your step, kid.*

1225) el plazo - term, deadline
¿Vas a cumplir con el plazo? *Will you meet the deadline?*

1226) la población - population
La gran mayoría de la población. *The vast majority of the population.*

1227) el llanto - crying
¿Escuchas el llanto? *Do you hear crying?*

1228) el equipaje - luggage
Mantenga su equipaje con usted. *Keep your luggage with you.*

1229) la autopista - freeway
Al lado de una autopista. *Next to a freeway.*

1230) el puñado - handful
Sólo un puñado de personas. *Only a handful of people.*

1231) el consuelo - consolation, comfort
Si te sirve de consuelo. *If it's any consolation.*

1232) el tejido - tissue, fabric
La mitad de su tejido cerebral. *Half his brain tissue.*

1233) el otoño - autumn, fall
Me mudaré en el otoño. *I'm moving in the fall.*

1234) el editor - publisher, editor
Soy el editor de deportes. *I'm the sports editor.*

1235) el mostrador - counter
Estaba detrás del mostrador. *I was behind the counter.*

1236) el ático - attic
Sube al ático y quédate ahí. *Go up to the attic and stay there.*

1237) la precaución - precaution
Es una precaución necesaria. *It's a necessary precaution.*

1238) la aldea - village
Estamos tan cerca de la aldea. *We're so close to the village.*

1239) la traición - betrayal, treason
Irás a la cárcel por traición. *You'll go to jail for treason.*

1240) el ángulo - angle
Este es un buen ángulo. *This is a good angle.*

1241) la inversión - investment
Suena como una gran inversión. *It sounds like a great investment.*

1242) la nevera - fridge
Hay bocadillos en la nevera. *There are snacks in the fridge.*

1243) la fábrica - factory
Es una especie de fábrica. *It's a factory of some kind.*

1244) el/la cómplice - accomplice
Fue el cómplice de un crimen. *He was the accomplice of a crime.*

1245) el pariente - relative
Va a visitar a sus parientes. *He goes to visit his relatives.*

1246) la humedad - humidity
La humedad está estropeando mi pelo. *The humidity is ruining my hair.*

1247) la gravedad - seriousness, gravity
Está herido de gravedad. *He is seriously injured.*
Sabes cómo funciona la gravedad. *You know how gravity works.*

1248) el ave (f) - bird
Esta es el ave más exótica. *This is the most exotic bird.*

1249) el terremoto - earthquake
¿Fue un gran terremoto? *Was it a big earthquake?*

1250) el desafío - challenge
Necesito un nuevo desafío. *I need a new challenge.*

1251) la acera - sidewalk
En el otro lado de la acera. *On the other side of the sidewalk.*

1252) el judío - Jew
No sé si soy judío. *I don't know if I'm Jewish.*

1253) el extranjero - foreigner
Los extranjeros no lo entienden. *Foreigners don't understand it.*

1254) la cima - top
Él llegó a la cima. *He reached the top.*

1255) el concurso - contest
Voy a unirme a ese concurso. *I'm going to join that contest.*

1256) el pato - duck
¿Alguna vez probaste el pato? *Have you ever tried the duck?*

1257) el guión - script, screenplay
Eso no está en el guión. *That's not in the script.*

1258) el cráneo - skull
Deberías devolver el cráneo. *You should return the skull.*

1259) el tronco - trunk
Un tronco flotaba en el río. *A trunk was floating in the river.*

1260) el comprador - buyer
Acabo de hablar con un comprador. *I just talked to a buyer.*

1261) el toro - bull
Estaba mirando a ese toro. *I was looking at that bull.*

1262) el intercambio - exchange
Soy estudiante de intercambio. *I'm an exchange student.*

1263) la portada - cover
Me gusta esta portada de revista. *I like this magazine cover.*

1264) el torneo - tournament
Podría ganar este torneo. *He could win this tournament.*

1265) el lector - reader
Recibo cartas de los lectores. *I receive letters from readers.*

1266) el desfile - parade
Tenemos tres desfiles hoy. *We have three parades today.*

1267) el bicho - bug, beast
Me picó el mismo bicho. *I was bit by the same bug.*
Era un bicho raro. *He was an oddball.*

1268) el remordimiento - remorse
No es necesario remordimiento. *There's no need for remorse.*

1269) el hábito - habit
Es un hábito inofensivo. *It's a harmless habit.*

1270) el látigo - whip
Se guardó el látigo en el bolso. *She kept the whip in her bag.*

1271) el suministro - supply
Necesito suministro regular. *I need regular supply.*

1272) el gusano - worm
Le tiene miedo a un gusano. *He is afraid of a worm.*

1273) la escopeta - shotgun
Esa es una buena escopeta. *That's a nice shotgun.*

1274) la etapa - stage, phase
Está pasando por una etapa. *She's going through a phase.*

1275) el rasgo - feature, trait
Ese es un rasgo que heredé. *That's a trait I inherited.*

1276) la píldora - pill
Tuve que tomar la píldora. *I had to take the pill.*

1277) la bandera - flag
Desapareció nuestra bandera. *Our flag disappeared.*

1278) el vínculo - link, bond
Hay un vínculo entre nosotros. *There is a bond between us.*

1279) el suegro - father-in-law
Lo saqué de su suegro. *I got it from her father-in-law.*

1280) la sobrina - niece
Pues ella es mi sobrina. *Well, she's my niece.*

1281) la lealtad - loyalty
Todavía debes probar tu lealtad. *You must still prove your loyalty.*

1282) la solicitud - request, application
¿Enviaste una solicitud por mí? *Did you send a request for me?*
¿Llenó una solicitud? *Did he fill out an application?*

1283) el fruto - fruit, result
Fruto de mi imaginación. *Fruit of my imagination.*

1284) el aumento - increase
La tormenta va en aumento. *The storm is increasing.*

1285) el jugo / el zumo - juice (L.Am/Spa)
¿Quieres algo de jugo de naranja? *You want some orange juice?*
El zumo está en la mesa. *Juice is on the table.*

1286) los bienes - goods, property
No quiero sus bienes. *I don't want your goods.*
Todas sus bienes en la compañía. *All his assets in the company.*

1287) la novedad - novelty
¿Alguna novedad? *Anything new?*

1288) la etiqueta - label
No leíste la etiqueta. *You didn't read the label.*

1289) la jornada - day
¿Cómo estuvo tu jornada? *How was your day?*

1290) el palacio - palace
Podrías vivir en el palacio. *You could live in the palace.*

1291) la suma - sum
Me debe una gran suma de dinero. *He owes me a large sum of money.*

1292) el gancho - hook
Lo colgué en un gancho. *I hung it on a hook.*

1293) la celda - cell (prison)
Yo volveré a mi celda. *I will return to my cell.*

1294) la secretaria - secretary
Contrató una secretaria. *He hired a secretary.*

1295) la caridad - charity
Nosotros no aceptamos caridad. *We don't accept charity.*

1296) la guitarra - guitar
Amo tocar mi guitarra. *I love playing my guitar.*

1297) la magia - magic
¿Quieres ver un truco de magia? *You want to see a magic trick?*

1298) el secuestrador - kidnapper
El secuestrador se bajó del coche. *The kidnapper got out of the car.*

1299) el rollo - roll, boring thing
¿Quieres un rollo de huevo? *You want an egg roll?*
Todo el rollo científico. *All that scientific stuff.*

1300) la blusa - blouse
Ella llevaba una blusa negra. *She was wearing a black blouse.*

1301) el pacto - pact
Un pacto con el diablo. *A pact with the devil.*

1302) la cabaña - cabin, hut
No hay teléfono en la cabaña. *There's no phone in the cabin.*

1303) la pisada - footstep
Oímos pisadas que se acercan. *We hear footsteps approaching.*

1304) el destello - flash, sparkle
Esos destellos de luces azules. *Those flashes of blue lights.*

1305) la intimidad - privacy, intimacy
Respeto tu intimidad. *I respect your privacy.*
Un cierto nivel de intimidad. *A certain level of intimacy.*

1306) la terraza - terrace
La terraza no se usa mucho. *Roof isn't used much.*

1307) la carpeta - folder
¿Están en una carpeta azul? *Are they in a blue folder?*

1308) el entorno - environment
En un entorno neutral. *In a neutral environment.*

1309) la exposición - exposure, exhibition
¿Fuiste a esa exposición? *Did you go to that exhibition?*

1310) la jugada - move, play
No es una jugada inteligente. *It's not the smart play.*
Una jugada de marketing. *That's a marketing stunt.*

1311) el macho - male
Esto es para machos. *This is for males.*

1312) el lanzamiento - launch
A seis meses de su lanzamiento. *Six months after its launch.*

1313) el rebelde - rebel
Se había unido a los rebeldes. *He had joined the rebels.*

1314) el psicólogo - psychologist
Sugiero que vea a un psicólogo. *I suggest you see a psychologist.*

1315) el ladrillo - brick
Alguien lanzó un ladrillo. *Someone threw a brick.*

1316) la servilleta - napkin
¿Lo escribió en una servilleta? *Did he write it on a napkin?*

1317) el/la psiquiatra - psychiatrist
¿Por qué se hizo psiquiatra? *Why did you become a psychiatrist?*

1318) la cifra - figure, number
No tengo la cifra exacta. *I don't have the exact figure.*

1319) la aparición - appearance, apparition
Es su primera aparición publica. *It's his first public appearance.*

1320) el cazador - hunter
Un cazador sabe lo que le espera. *A hunter knows what awaits him.*

1321) el pavo - turkey
Cómprate una hamburguesa de pavo. *Buy yourself a turkey burger.*

1322) el engaño - deception, trick
Es un experto del engaño. *He's a deception expert.*
Fue sólo un engaño. *That was all a trick.*

1323) la valla - fence
¿Vas a trepar por la valla? *You're going to climb the fence?*

1324) el bolígrafo - pen
¿Puede prestarme tu bolígrafo? *Can you lend me your pen?*

1325) el paisaje - landscape
Déjame mostrarte el paisaje. *Let me show you the landscape.*

1326) la chispa - spark
Hay una chispa en ti. *There's a spark in you.*

1327) el marinero - sailor
No tenía marineros suficientes. *He didn't have enough sailors.*

1328) la técnica - technique
Tienen unas nuevas técnicas. *They have some new techniques.*

1329) el delincuente - criminal, offender
Es un delincuente buscado. *He's a wanted criminal.*

1330) el escándalo - scandal
Nuevo escándalo de soborno. *New bribery scandal.*

1331) el cuerno - horn
¿Eso son cuernos reales? *Those are real horns?*

1332) el/la residente - resident
Se aconseja a los residentes. *Residents are advised.*

1333) el presupuesto - budget
¿Cuál es tu presupuesto en esto? *What's your budget on this?*

1334) el escape - escape, leak
Un escape de gas en la tienda. *A gas leak in the store.*

1335) el tirador - shooter
Pregúntale si vio al tirador. *Ask him if he saw the shooter.*

1336) el freno - brake
Tuve que usar el freno de mano. *I had to use the handbrake.*

1337) el interrogatorio - questioning
¿Esto es un interrogatorio? *Is this an interrogation?*

1338) la tropa - troop
Retiraron las tropas. *They withdrew the troops.*

1339) la monja - nun
Debiste haber sido monja. *You should have been a nun.*

1340) la sección - section
En la sección infantil. *In the children's section.*

1341) el cansancio - tiredness, fatigue
Estoy muerto de cansancio. *I'm dead tired.*

1342) la raza - race
La raza humana es nuestro aliado. *The human race is our ally.*

1343) el retraso - delay
Tiene un ligero retraso. *It has a slight delay.*

1344) la fama - fame
Estaba disfrutando de la fama. *I was enjoying the fame.*

1345) el cocinero - cook
Eres muy buen cocinero. *You're a very good cook.*

1346) el azar - chance
Nada puede dejarse al azar. *Nothing can be left to chance.*
Esto no fue al azar. *This wasn't random.*

1347) la bendición - blessing
Con la bendición del obispo. *With the bishop's blessing.*

1348) la escala - scale
¿En una escala del uno al diez? *On a scale of one to ten?*

1349) la posesión - possession
La posesión de este oro. *The possession of this gold.*

1350) la ronda - round
Quizá podamos hacer una ronda. *Maybe we can go around.*

1351) el lazo - bow, tie
Con un lazo rojo. *With a red bow.*
Tenían un lazo muy fuerte. *They had a very strong bond.*

1352) la piedad - mercy, pity
Ten piedad de nosotros. *Have mercy on us.*
No quiero la piedad de nadie. *I don't want anyone's pity.*

1353) el tiroteo - shooting
Quedó implicado en un tiroteo. *He was involved in a shooting.*

1354) el asombro - astonishment, amazement
Con admiración y asombro. *With admiration and astonishment.*

1355) el televisor - TV
Yo encendería el televisor. *I'd turn on the TV.*

1356) el tenedor - fork
Necesito un tenedor. *I need a fork.*

1357) el hacha (f) - ax
Me perseguía con un hacha. *He came after me with an ax.*

1358) el pozo - well
¿Dices que el pozo está lleno? *You say the well is full?*

1359) el estante - shelf
Lo repuso sobre el estante. *He put it back on the shelf.*

1360) la prometida - fiancée
Me presentó a su prometida. *He introduced me to his fiancée.*

1361) el resumen - summary
En resumen, estás en peligro. *In short, you're in danger.*

1362) la escritura - writing
¿Cómo va la escritura? *How's the writing going?*

1363) la jovencita - young lady
¿Puedes decirle a esta jovencita? *Can you tell this young lady?*

1364) la expectativa - expectation
Tenía tantas expectativas. *I had so many expectations.*

1365) el águila (f) - eagle
El águila ha aterrizado. *The eagle has landed.*

1366) el hada (f) - fairy
No creo en los cuentos de hadas. *I don't believe in fairy tales.*

1367) el nene - kid, darling
Es un largo cuento, nene. *It's a long story, kid.*
Si, nene, es verdad. *Yes, baby, that's right.*

1368) la graduación - graduation
Sucedió antes de mi graduación. *It happened before my graduation.*

1369) la risita - giggle
Todas esas risitas tontas. *All those silly giggles.*

1370) la privacidad - privacy
Tengo poca privacidad. *I have little privacy.*

1371) la tripa - gut
Está este sentimiento en mis tripas. *There's this feeling in my gut.*

1372) el ratón - mouse
Como un ratón en una jaula. *Like a mouse in a cage.*

1373) el testimonio - testimony
Deseo retirar mi testimonio. *I want to withdraw my testimony.*

1374) el ingeniero - engineer
El ingeniero construyó esto. *The engineer built this.*

1375) el ataúd - coffin
Es un ataúd antiguo de madera. *It's an old wooden coffin.*

1376) el refuerzo - reinforcement
¿Puedes enviar refuerzos? *Can you send reinforcements?*

1377) el gruñido - growl, grunt
Creyó oír un gruñido. *He thought he heard a growl.*

1378) el fraude - fraud
Muchos lo acusan de fraude. *Many accuse him of fraud.*

1379) la potencia - power
No tiene suficiente potencia. *It wasn't enough power.*

1380) el avance - advance
Hicimos un gran avance. *We made a breakthrough.*

1381) la feria - fair
Este mes hay una feria. *This month there is a fair.*

1382) la dignidad - dignity
Yo tengo montones de dignidad. *I have lots of dignity.*

1383) la sustancia - substance
Estaba probando la sustancia. *I was testing the substance.*

1384) el taller - workshop
Su auto está en el taller. *His car is in the workshop.*

1385) la grasa - fat
Tiene un poco de grasa. *She has a little fat.*

1386) el monte - mountain
Quiero escalar el monte Everest. *I want to climb Mount Everest.*

1387) el cordero - lamb
Esas jugosas chuletas de cordero. *Those juicy lamb chops.*

1388) el/la superviviente - survivor
Uno de los pocos supervivientes. *One of the few survivors.*

1389) el diagnóstico - diagnosis
Nos llevará a un diagnóstico. *It will lead to a diagnosis.*

1390) el cuadrado - square (geom.)
Un metro cuadrado de pared. *One square meter of wall.*

1391) la tinta - ink

Fue escrito con tinta. *It was written in ink.*

1392) el auxilio - aid

El botiquín de primeros auxilios. *The first aid kit.*
¡Auxilio! *Help!*

1393) el presentimiento - feeling, foreboding

Tengo un mal presentimiento. *I have a bad feeling.*

1394) el frasco - bottle, jar

Las metía en el frasco. *I put them in the jar.*

1395) el coraje - courage

Yo tengo el coraje para admitirlo. *I have the courage to admit it.*

1396) el barro - mud, clay

Está atascado en el barro. *He's stuck in the mud.*

1397) el/la gerente - manager

¿Es usted el gerente de ventas? *Are you the sales manager?*

1398) la facilidad - ease

No podía abrirla con facilidad. *I couldn't open it easily.*

1399) la siesta - nap

Tomé una siesta hace una hora. *I took a nap an hour ago.*

1400) la avenida - avenue

En algún lugar sobre la avenida. *Somewhere on the avenue.*

1401) el mordisco - bite

Déjame darle un mordisco. *Let me take a bite.*

1402) el desorden - disorder, mess

Yo no limpié el desorden. *I didn't clean up the mess.*

1403) el afecto - affection
Merezco un poco de afecto. *I deserve a little bit of affection.*

1404) el inicio - start, beginning
Al inicio de cada año escolar. *At the start of each school year.*

1405) la ficha - record, form
Ella tiene una ficha criminal. *She has a criminal record.*
Ellas rellenaron la ficha. *They filled out the form.*

1406) el retrato - portrait
Parece un retrato familiar. *It looks like a family portrait.*

1407) el ingreso - entry, income
Tenemos una fuente de ingresos. *We have one source of income.*

1408) el padrino - godfather
Fui su padrino de casamiento. *I was your best man at the wedding.*

1409) la flecha - arrow
Tenemos que sacar la flecha. *We have to take out the arrow.*

1410) la maldad - wickedness, evil
A pesar de toda su maldad. *Despite all her wickedness.*

1411) el clima - climate, weather
¿Como está el clima? *How is the weather?*

1412) la tendencia - trend, tendency
Es la nueva tendencia de moda. *It's the new fashion trend.*
Tiene una tendencia a ser crítica. *She has a tendency to be critical.*

1413) el descubrimiento - discovery
El descubrimiento llamó la atención. *The discovery drew attention.*

1414) el socorro - help
¡Socorro! *Help!*

1415) la garra - claw
Tenía garras como de un oso. *He had claws like those of a bear.*

1416) el vestuario - locker room, outfit
En el vestuario de chicas. *In the girls' locker room.*
Me encanta el vestuario. *I love the outfit.*

1417) el respaldo - backing, support
No tenemos un plan de respaldo. *We have no backup plan.*
Tienes mi respaldo. *You have my back.*

1418) el desprecio - contempt
Su desprecio es más que evidente. *His contempt is more than obvious.*

1419) la cabra - goat
Mejor que una cabra hervida. *Better than boiled goat.*

1420) el interruptor - switch
No puedo encontrar un interruptor. *I can't find a switch.*

1421) el chorro - stream
Bajo el chorro de agua fría. *Under the stream of cold water.*

1422) el reto - challenge
Me lo tomaré como un reto. *I will take it as a challenge.*

1423) los habitantes - inhabitants
Los habitantes de este planeta. *The inhabitants of this planet.*

1424) la impaciencia - impatience
Espero con impaciencia conocerla. *I look forward to meeting her.*

1425) el jabón - soap
Me entró jabón en los ojos. *I got soap in my eyes.*

1426) la atracción - attraction
Es la atracción principal. *It's the main attraction.*

1427) las náuseas - sickness, nausea
Me está dando náuseas. *It's making me nauseous.*

1428) la bata - robe
Se quitó la bata en la piscina. *He took off the robe at the pool.*

1429) la munición - ammunition
Tenemos poca munición. *We have little ammunition.*

1430) el limón - lemon
Hice un pastel de limón. *I made a lemon cake.*

1431) la ruptura - break, breakup
Eso es después de la ruptura. *That's after the break.*
Hábleme de la ruptura. *Tell me about the breakup.*

1432) la dicha - joy, happiness
Hay una dicha enorme. *There is so much joy.*
Ahora sólo es momento de dicha. *Now it's just a moment of joy.*

1433) la audición - hearing, audition
Tengo problemas de audición. *I have hearing problems.*
Mañana es mi audición. *Tomorrow is my audition.*

1434) la disposición - disposal
Estoy a su disposición. *I'm at your disposal.*

1435) la sentencia - sentence
Es una sentencia de muerte. *It's a death sentence.*

1436) la arruga - wrinkle
No me importan las arrugas. *I don't care about wrinkles.*

1437) el resplandor - radiance, glow
Un resplandor en la oscuridad. *A glow in the dark.*

1438) el algodón - cotton
Como un algodón de azúcar. *Like a cotton candy.*

1439) el talón - heel
Tengo las ampollas en el talón. *I have blisters on the heel.*

1440) la tribu - tribe
Conozco al jefe de una tribu. *I know the chief of a tribe.*

1441) la comodidad - comfort
La gente necesita comodidad. *People need comfort.*

1442) el arbusto - bush, shrub
Me escondí detrás de un arbusto. *I hid behind a bush.*

1443) la cortesía - courtesy, politeness
¿No que eso se hace por cortesía? *Isn't that just common courtesy?*

1444) el horizonte - horizon
Más allá del horizonte. *Beyond the horizon.*

1445) la comparación - comparison
Es la comparación equivocada. *It's the wrong comparison.*

1446) el vello - hair
Yo uso esto para mi vello corporal. *I use this for my body hair.*

1447) la creación - creation
En la creación de esta arma. *In the creation of this weapon.*

1448) el bienestar - well-being
Me preocupo por su bienestar. *I'm concerned about her well-being.*

1449) la sabiduría - wisdom
Tú me has dado la sabiduría. *You've given me the wisdom.*

1450) el cepillo - brush
El cepillo de dientes rosa es mío. *The pink toothbrush is mine.*

1451) el/la espía - spy
Sabrá que eres un espía. *He'll know you're a spy.*

1452) la barriga - belly
Mi barriga no es tan grande. *My belly isn't that big.*

1453) el nido - nest
No hay nada en este nido. *There's nothing in this nest.*

1454) la sugerencia - suggestion
¿Tienes alguna sugerencia? *Do you have any suggestions?*

1455) la cuesta - slope, hill
Yo había bajado la cuesta. *I had gone down the slope.*
Empezó a subir la cuesta. *He started to climb the hill.*

1456) el salario - salary, wage
Podrías tener un salario decente. *You could have a decent salary.*

1457) el capítulo - chapter
Terminaré este capítulo esta noche. *I'll finish this chapter tonight.*

1458) el buzón - mailbox
Miré en su buzón. *I looked in his mailbox.*

1459) el agradecimiento - gratitude
Mis más profundo agradecimiento. *My deepest thanks.*

1460) el escudo - shield
El escudo no protege mucho. *The shield doesn't protect much.*

1461) la morena - brunette
Ella no es sólo una morena. *She is not just a brunette.*

1462) la aprobación - approval
Tengo que conseguir aprobación. *I have to get approval.*

1463) el matón - thug, bully
Debe ser un matón. *He must be some thug.*
Siempre fuiste un matón. *You were always a bully.*

1464) la ruina - ruin
Su palacio yace en ruinas. *His palace lies in ruins.*

1465) el bastón - walking stick
Puedo caminar sin este bastón. *I can walk without this cane.*

1466) el aterrizaje - landing
Tenemos que hacer un aterrizaje. *We have to make a landing.*

1467) el extraterrestre - alien
¿Crees en los extraterrestres? *Do you believe in aliens?*

1468) la culpabilidad - guilt
No hay duda de su culpabilidad. *There's no question of his guilt.*

1469) la verja - gate
Voy a estar en la verja. *I will be at the gate.*

1470) el disgusto - displeasure, disgust
Intentando ocultar su disgusto. *Trying to hide his displeasure.*
Puedes reconocer el disgusto. *You can recognize disgust.*

1471) el servidor - servant, server
Soy un humilde servidor público. *I'm a humble public servant.*
Están en un servidor principal. *They are on a main server.*

1472) el arroz - rice
Guisantes con arroz y brócoli. *Peas with rice and broccoli.*

1473) el pintor - painter
No soy un buen pintor. *I'm not a good painter.*

1474) la burbuja - bubble
Todo el mundo ama las burbujas. *Everyone loves bubbles.*

1475) la alucinación - hallucination
Esas alucinaciones son normales. *Those hallucinations are normal.*

1476) el pañal - diaper
Mi bebé no usará pañales. *My baby won't be wearing diapers.*

1477) la marea - tide
La marea estaba alta. *The tide was high.*

1478) la fachada - facade
Es sólo una fachada. *It's just a facade.*

1479) la cuchara - spoon
¿Puedes traernos otra cuchara? *Can you bring us another spoon?*

1480) el bigote - mustache
Se ha arreglado el bigote. *He has fixed his mustache.*

1481) el juramento - oath
Tú hiciste un juramento. *You made an oath*

1482) el peinado - hairstyle
Has cambiado el peinado. *You changed your hair.*

1483) la inquietud - concern
Tengo algunas inquietudes. *I have some concerns.*
Miré al cielo con inquietud. *I looked at the sky anxiously.*

1484) la cesta - basket
Mira el tamaño de esta cesta. *Look at the size of this basket.*

1485) el papeleo - paperwork
Prefiero nada de papeleo. *I prefer no paperwork.*

1486) la bofetada - slap
¿Me darás una bofetada? *Are you gonna slap me?*

1487) las cosquillas - tickle
Eso da cosquillas. *That tickles.*
No me hagas cosquillas. *Don't tickle me.*

1488) la amabilidad - kindness
Está lleno de amabilidad. *It's filled with kindness.*

1489) la barrera - barrier
Estás creando una barrera. *You're creating a barrier.*

1490) la tentación - temptation
Caíste en tentación. *You gave in to temptation.*

1491) el chicle - chewing gum
¿Estás mascando chicle? *Are you chewing gum?*

1492) la penumbra - half-light
Su voz resonó en la penumbra. *His voice echeod in the darkness.*

1493) el zumbido - buzz
¿Aquel zumbido ha parado? *Has that buzzing stopped?*

1494) la talla - size
¿Qué talla crees que sean esas? *What size do you think those are?*

1495) la plaga - plague
La plaga está en todas partes. *The plague is everywhere.*

1496) el pasaje - pathway, ticket
Algún otro pasaje o algo. *Some other pathway or something.*
Quizá compró un pasaje. *Maybe he bought a ticket.*

1497) el trayecto - journey
El trayecto me relajó bastante. *The journey relaxed me a lot.*

1498) el bizcocho - sponge cake, biscuit
¿Traerá bizcocho de café? *Is she bringing coffee cake?*
Tengo algo de bizcocho. *I have some biscuit.*

1499) la denuncia - report, complaint
Tu mujer puso una denuncia. *Your wife filed a complaint.*

1500) la ubicación - location
¿Pueden rastrear su ubicación? *Can they track his location?*

1501) el desarrollo - development
Eso es un desarrollo interesante. *That's an interesting development.*

1502) el paño - cloth
Me trajo un paño caliente. *He brought me a warm cloth.*

1503) el rechazo - rejection
Esta es una carta de rechazo. *This is a rejection letter.*

1504) el prado - meadow
Al otro lado del prado. *On the other side of the meadow.*

1505) la recuperación - recovery

Necesito esto para mi recuperación. *I need this for my recovery.*

1506) la característica - feature
Con características alienigenas. *With alien features.*

1507) la autoestima - self-esteem
Aumentará mi autoestima. *It will boost my self-esteem.*

1508) el malentendido - misunderstanding
Esto es un gran malentendido. *This is a big misunderstanding.*

1509) el aislamiento - isolation
Acabarás otra vez en aislamiento. *You'll end up in isolation again.*

1510) el enlace - link
Hice clic en este enlace. *I clicked on this link.*

1511) el bocado - bite
Sabes que quieres un bocado. *You know you want a bite.*

1512) el ayuntamiento - city hall
Mañana iremos al ayuntamiento. *Tomorrow we're going to city hall.*

1513) la cobertura - coverage
Aquí no hay cobertura. *There's no signal here.*
Una cobertura de seguro. *An insurance coverage.*

1514) el petróleo - oil, petroleum
Precios del petróleo siguen cayendo. *Oil prices keep falling.*

1515) el padrastro - stepfather
Me lo compró mi padrastro. *My stepfather bought it for me.*

1516) el consejero - adviser
Se volvió a los consejeros. *She turned to the counselors.*

1517) la incredulidad - disbelief

Lo miró con incredulidad. *He looked at him in disbelief.*

1518) el rencor - resentment

Tenía rencor contra él. *He had a grudge against him.*

1519) el escondite - hiding place

Encontré un gran escondite. *I found a great hiding place.*

1520) la delicadeza - delicacy

Sé cómo hacerlo con delicadeza. *I know how to do it delicately.*

1521) el tirón - pull

Dio un tirón a las cuerdas. *He yanked on the ropes.*

1522) el flujo - flow

Perderá flujo sanguíneo. *She'll lose blood flow.*

1523) la cólera - anger

Dijo tranquila, sin cólera. *She said calmly, without anger.*

1524) la apertura - opening

Incluso la escena de apertura. *Even the opening scene.*

1525) los modales - manners

Voy a enseñarle modales. *I will teach him some manners.*

1526) el cachorro - puppy

¿Le gustan los cachorros? *Do you like puppies?*

1527) la retirada - withdrawal

Pedimos la total retirada. *We demand the complete withdrawal.*

1528) el abismo - abyss

Quiero enfrentar el abismo. *I want to face the abyss.*

1529) los alrededores - surroundings
Lo pasearé por los alrededores. *I'll walk him around.*

1530) la labor - work
Mi labor es lucir hermosa. *My job is to look beautiful.*

1531) el ademán - gesture
Hizo ademán de recogerlo. *He made a gesture to pick it up.*

1532) la raya - this, stripe
Me he pasado de la raya. *I was out of line.*
Con rayas rojas. *With red stripes.*

1533) la calzada - road
El coche esperaba en la calzada. *The car was waiting on the road.*

1534) la cera - wax
Una cera para tabla de surf. *A wax for surfboard.*

1535) la selva - jungle
Pasó un año en la selva. *He spent a year in the jungle.*

1536) la cautela - caution
Tenemos que actuar con cautela. *We have to act with caution.*

1537) la brecha - breach, gap
Tenemos una brecha en la seguridad. *We have a security breach.*
La brecha entre los ricos y pobres. *The gap between rich and poor.*

1538) la suciedad - dirt
A pesar de toda esa suciedad. *Despite all that dirt.*

1539) el crecimiento - growth
Somos una marca en crecimiento. *We're a growing brand.*

1540) la amargura - bitterness
Estoy lleno de amargura. *I am filled with bitterness.*

1541) la conmoción - shock
Ella se hallaba en estado de conmoción. *She was in a state of shock.*

1542) la manada - herd
Como una manada de lobos. *Like a pack of wolves.*

1543) el aprieto - predicament
Yo no estaría en este aprieto. *I wouldn't be in this mess.*

1544) la calefacción - heating
La calefacción puede desaparecer. *Heating may disappear.*

1545) el rompecabezas - puzzle
Es un verdadero rompecabezas. *It's a real puzzle.*

1546) el chantaje - blackmail
¿Es un chantaje o algo así? *Is it blackmail or something?*

1547) los escombros - debris, rubble
Fue en el campo de escombros. *It was in the debris field.*
Fuí por debajo de los escombros. *I went under the rubble.*

1548) la valentía - courage
Realmente admiro tu valentía. *I really admire your courage.*

1549) el apodo - nickname
¿Alguna vez tuviste un apodo? *You ever had a nickname?*

1550) la pizarra - blackboard
Miren los números en la pizarra. *Look at the numbers on the board.*

Verbs 401-600

401) borrar - to delete, erase
Tienes que borrar esto. *You have to erase this.*

402) renunciar - to resign, renounce
No puedes obligarme a renunciar. *You can't force me to resign.*

403) pesar - to weigh
Esto pesa muchísimo. *This weighs a lot.*

404) resistir - to resist
Ni siquiera me puedo resistir. *I can't even resist.*

405) acostumbrarse - to get used
Un hombre puede acostumbrarse a eso. *A man can get used to that.*

406) tragar - to swallow
¿Se tragó todas esas piezas? *He swallowed all of those pieces?*

407) apestar - to stink
Apesta aquí. *It stinks in here.*

408) poseer - to own, possess
Un amigo mio posee una compañia. *A friend of mine owns a company.*

409) elevar - to raise, elevate
Elevó un poco la voz. *He raised his voice a little.*

410) vencer - to overcome, win
Venciendo su propia pereza. *Overcoming your own laziness.*
No podemos vencer, ¿cierto? *We can't win, can we?*

411) aguardar - to await

Aguarda un segundo. *Hold on a second.*

No aguardó la respuesta. *He didn't wait for the answer.*

412) reducir - to reduce

Intento reducir la tensión. *I'm trying to cut the tension.*

Eso reduce las opciones. *That narrows it down.*

413) expresar - to express

Quería expresar mi gratitud. *I wanted to express my gratitude.*

414) estirar - to stretch

Estira esos brazos. *Stretch those arms out.*

415) acceder - to access

No puedes acceder a mi expediente. *You can't access my file.*

416) atender - to attend, look after

Tengo negocios que atender. *I have some business to attend to.*

Voy a atender el horno. *I'll take care of the oven.*

417) regalar - to give away

No puedo regalar los nachos. *I can't give nachos away.*

¿Le vas a regalar un libro? *You're giving her a book?*

418) adelantar - to overtake, move forward

Se nos va a adelantar. *She will get ahead of us.*

La reunión se adelantó. *The meeting got moved up.*

419) sostener - to hold

Estás sosteniendo las llaves. *You're holding the keys.*

¿Puedes sostener esto? *Can you hold this?*

420) rodar - to roll, film

Estamos listos para rodar. *We're ready to roll.*

Deberíamos empezar a rodar. *We should start shooting.*

421) describir - to describe
No puede describir lo que siente. *He can't describe how he feels.*

422) criar - to raise, bring up
Tengo hijos que criar. *I have kids to raise.*
Aquí crié a dos chicos. *I raised two boys here.*

423) sangrar - to bleed
Todavía estás sangrando. *You're still bleeding.*

424) condenar - to condemn, sentence
El fiscal que lo condenó. *The prosecutor who convicted him.*

425) acudir - to come, turn to
¿Ella acudió a ti? *She came to you?*
No sabía a quién acudir. *I didn't know who to turn to.*

426) asomar - to show, stick out
Una sonrisa asomó en su cara. *A smile came across her face.*
Asomaba por la ventana. *He peeked out the window.*

427) durar - to last
¿Cuánto tiempo va a durar? *How long will it last?*
No duró mucho. *It didn't last long.*

428) largarse - to shove off, get out
¡Lárgate de mi habitación! *Get out of my room!*
¿No tiene ganas de largarse? *Don't you want to get away?*

429) tranquilizarse - to calm down
De acuerdo, tranquilízate. *All right, calm down.*
Tranquiliza tu mente. *Calm your mind.*

430) charlar - to chat
Me encantaría seguir charlando. *I'd love to continue chatting.*

431) latir - to beat

Escucho tu corazón latir. *I hear your heart beating.*
Mi corazón late fuertemente. *My heart is pounding.*

432) atraer - to attract

Eso atrae a la gente. *People are drawn to that.*
Quería atraer su atención. *I wanted to get your attention.*

433) caber - to fit

No me cabe en la cabeza. *I can't fit it in my head.*
Ella cabe en mi bolso. *She fits in my bag.*

434) revelar - to reveal

No puedo revelar esa información. *I can't reveal that information.*

435) comprometerse - to commit, get engaged

Se van a comprometer? *Are they getting engaged?*
Él se acababa de comprometer. *He just got engaged.*

436) surgir - to arise, emerge

Pensé que podría surgir. *I thought it might come up.*
Surgió de la nada. *It came out of nowhere.*

437) disponer - to have

Pueden disponer de todo. *You can have it all.*
Disponemos de un par de minutos. *We have a couple minutes.*

438) lastimar - to hurt

No te voy a lastimar. *I will not hurt you.*

439) agitar - to wave, shake

Exclamó agitando los brazos. *He exclaimed, waving his arms.*
Eso agitó un poco mi cerebro. *That stirred my brain a little.*

440) perseguir - to chase, pursue

No están persiguiendo nada. *They're not chasing anything.*

441) arrojar - to throw

Ella nos arrojó un zapato. *She threw her shoe at us.*

442) extrañar - to miss, surprise

Yo también te voy a extrañar. *I'll miss you too.*
No es de extrañar. *It's not surprising.*

443) consistir - to consist

En eso consiste el matrimonio. *That's what a marriage is about.*

444) flotar - to float

Está flotando en el techo. *He's floating on the ceiling.*

445) iniciar - to start, initiate

¿Cómo puedo iniciar el juego? *How can I start the game?*

446) distinguir - to distinguish

¿Cómo puedes distinguirlos? *How can you tell them apart?*

447) dibujar - to draw

¿Qué estás dibujando? *What are you drawing?*

448) distraer - to distract

No me vas a distraer. *You will not distract me.*

449) opinar - to think

¿Qué opinas? *What do you think?*
¿Qué opina sobre todo esto? *What does he think about all this?*

450) doblar - to fold, bend, double

Dobló las toallas. *She folded the towels.*
¿Quiere doblar la apuesta? *You want to double the bet?*

451) cancelar - to cancel

¿Por qué lo canceló? *Why did he cancel it?*

452) descender - to descend
Pueden ayudarnos a descender. *They can help us to descend.*

453) jadear - to gasp, pant
Ella jadeó, impresionada. *She gasped, impressed.*

454) alimentar - to feed
Te toca alimentar a los bebés. *It's your turn to feed the babies.*

455) deshacerse - to get rid
Hubiera podido deshacerse de ella. *I could have got rid of it.*

456) requerir - to require
Esa trabajo requiere preparación. *That job requires preparation.*

457) desayunar - to have breakfast
¿Dónde quieres desayunar? *Where do you want to eat breakfast?*

458) forzar - to force
No puedes forzar a un niño. *You can't force a kid.*

459) gruñir - to growl
Gruñó entre dientes. *He growled between his teeth.*

460) obedecer - to obey
¿Te refieres a obedecer? *Do you mean to obey?*

461) agacharse - to bend down
Se agachó a recogerlo. *He bent down to pick it up.*

462) murmurar - to murmur
Murmuró desviando la vista. *He murmured, looking away.*

463) lidiar - to deal
¿Cómo vas a lidiar con esto? *How are you gonna deal with this?*

464) reflexionar - to reflect
Ahora sólo puedo reflexionar. *Now I can only reflect.*

465) apreciar - to appreciate
Porque ella no te aprecia. *Because she doesn't appreciate you.*

466) comportarse - to behave
Pueden comportarse de forma extraña. *They may behave strangely.*

467) exagerar - to exaggerate
Creo que estás exagerando. *I think you're exaggerating.*

468) quejarse - to complain
No es que me esté quejando. *Not that I'm complaining.*

469) reparar - to repair, fix
Debería de ser fácil de reparar. *It should be easy to fix.*

470) rastrear - to track
¿Pueden rastrear mi señal? *Can you track my signal?*

471) suspirar - to sigh
Suspiró de nuevo. *He sighed again.*

472) asentir - to nod
Asintió y cerró la puerta. *He nodded and closed the door.*

473) gemir - to moan, groan
Gimió de dolor. *He moaned in pain.*

474) traicionar - to betray
Luego ella lo traicionó. *Then she betrayed him.*

475) emitir - to issue, emit
Tenemos que emitir un comunicado. *We need to issue a statement.*

476) aterrizar - to land
Tienes que aterrizar este avión. *You have to land this plane.*

477) conservar - to keep, preserve
Me gustaría conservar a éste. *I'd like to keep this one.*

478) desarrollar - to develop
No puedo desarrollar relaciones. *I can't develop relationships.*

479) estallar - to burst
¿Por qué iba a estallar? *Why would she blow up?*
Su coche estalló en llamas. *His car burst into flames.*

480) invadir - to invade
La soledad me invadió. *Loneliness overtook me.*

481) conversar - to talk, chat
Sólo quería conversar un poco. *I just wanted to talk a little.*

482) proseguir - to continue, proceed
Prosiguió con una gran sonrisa. *He continued with a big smile.*

483) suplicar - to beg
Por favor, te lo suplico. *Please, I'm begging you.*

484) enamorarse - to fall in love
Me enamoré de esa familia. *I fell in love with that family.*

485) cazar - to hunt
¿Ir a cazar con ellos? *Go hunting with them?*

486) acelerar - to speed up
¿El corazón se te acelera? *Is your heart racing?*

487) frotar - to rub
Se frotó los ojos. *He rubbed his eyes.*

488) involucrar - to involve
¿Por qué nos ha involucrado? *Why did you involve us?*

489) admirar - to admire
Admiro tu trabajo muchísimo. *I admire your work so much.*

490) pisar - to step, tread
Pueden pisar los vidrios. *They can step on the glass.*

491) comparar - to compare
¿Me estás comparando con él? *Are you comparing me to him?*

492) almorzar - to have lunch
Voy a salir a almorzar. *I'm going out for lunch.*

493) ceder - to give in
Voy a ceder a la presión social. *I will give in to social pressure.*

494) arriesgar - to risk
No voy a arriesgar nuestra amistad. *I will not risk our friendship.*

495) diseñar - to design
Podrías diseñar muebles. *You could design furniture.*

496) garantizar - to guarantee
Te garantizo que tendrás uno. *I guarantee you will have one.*

497) curar - to cure, heal
Tienes que curar a tu hermano. *You have to cure your brother.*
Su marido me curó. *Your husband healed me.*

498) estremecer - to shake, shudder
Su cuerpo se estremeció. *His body shuddered.*

499) coincidir - to coincide, match
¿Coincide con la descripción? *Does it match the description?*

500) agradar - to please

Me agrada que estés aquí. *I'm glad you're here.*
Bueno, a mí me agrada. *Well, I like him.*

501) empeorar - to worsen

Las cosas pueden empeorar. *Things can get worse.*

502) encubrir - to cover up

Alguien lo está encubriendo. *Someone is covering it up.*

503) apresurar - to hurry, speed up

Me apresuré a preguntar. *I hurried to ask.*
Él apresuró su trabajo. *He rushed his work.*

504) negociar - to negotiate

Pudimos negociar con éxito. *We were able to successfully negotiate.*

505) escupir - to spit

Me escupió a mí. *She spat at me.*

506) suicidarse - to commit suicide

Trató de suicidarse. *He tried to commit suicide.*

507) ahorrar - to save up

Podrías ahorrar mucho dinero. *You could save a lot of money.*

508) exponer - to expose

No voy a exponer a un niño a eso. *I'm not gonna expose a kid to that.*

509) llover - to rain

Está lloviendo afuera. *It's raining outside.*

510) repasar - to review, go over

Me gustaría repasar el plan. *I'd like to go over the plan.*

511) sudar - to sweat
Puedo ver que estás sudando. *I can see you're sweating.*

512) cansar - to tire
Ya me cansé de discutir. *I'm tired of arguing.*

513) picar - to sting, chop
Puedes picar como abeja. *You can sting like a bee.*
¿Tienes algo de picar? *Do you have any snacks?*

514) armar - to assemble, arm
Tengo que armar un equipo. *I have to put together a team.*

515) yacer - to lie
Yo yacía en el suelo. *I'm lying on the ground.*

516) asistir - to attend
Puedes asistir a las clases. *You can attend classes.*

517) solucionar - to solve
Puedo solucionar cualquier cosa. *I can solve anything.*

518) entrenar - to train
¿Qué debo ponerme para entrenar? *What should I wear to train?*

519) reflejar - to reflect
Entonces refleja en esa piedra. *Then it reflects on that stone.*

520) lamer - to lick
Estaban lamiendo el helado. *They were licking the ice cream.*

521) pescar - to fish
Mañana voy a pescar. *Tomorrow I'm going fishing.*

522) trasladar - to move
Las ha trasladado en el tiempo. *It moved them through time.*

Eso se trasladó al jueves. *That got moved to Thursday.*

523) bloquear - to block
Tengo que bloquear las salidas. *I have to block the exits.*

524) proporcionar - to provide
Nos proporciona más información. *It gives us more information.*

525) arrodillarse - to kneel down
Se arrodilló sobre el colchón. *He knelt on the mattress.*

526) vacilar - to hesitate, make fun
Ella vaciló un segundo. *She hesitated a second.*
¿Me estás vacilando? *Are you kidding me?*

527) librarse - to get away
No hay forma de librarse. *There's no getting away from it.*

528) castigar - to punish
No puedes castigar al hijo. *You can't punish the son.*

529) apurarse - to hurry
Apúrate, no me quiero perder. *Hurry up, I don't want to lose.*

530) explorar - to explore
Deberías explorar toda esa área. *You should explore all that area.*

531) patear - to kick
Conseguirás patear cosas. *You will get to kick things.*

532) derrumbarse - to collapse
El techo se derrumbó. *The roof collapsed.*

533) reprimir - to suppress, repress
Les hizo reprimir su ira. *It made them suppress their anger.*

534) rozar - to graze, rub, touch
La bala rozó su hombro. *The bullet grazed his shoulder.*
Estabas rozando el pie. *You were touching the foot.*

535) desviarse - to deviate
Se desvió del camino. *He strayed from the path.*

536) rendirse - to give up
Nunca lo he visto rendirse. *I've never seen you give up.*

537) fastidiar - to annoy, ruin
Me está empezando a fastidiar. *It's starting to annoy me.*
Y usted lo fastidió. *And you ruined it.*

538) disimular - to hide, conceal
Yo trataba de disimular mi sorpresa. *I tried to hide my surprise.*

539) cesar - to cease
Después cesó todo ruido. *Then all noise ceased.*

540) espiar - to spy
¿Crees que te estaba espiando? *You think he was spying on you?*

541) calentar - to warm, heat
Voy a calentar la cena. *I'll warm up the dinner.*

542) ajustar - to adjust
Voy a ajustar el asiento. *I'll adjust the seat.*

543) anotar - to write down
Deberías anotar eso ahí. *You should write that down there.*

544) aplicar - to apply
Eso no se aplica aquí. *That doesn't apply here.*

545) definir - to define
Lo que elegimos nos define. *Our choices define us.*

546) fruncir - to pucker, frown
Frunció el ceño. *He frowned.*

547) intercambiar - to exchange, swap
¿Vamos a intercambiar regalos? *Are we going to exchange gifts?*

548) atascarse - to get stuck
¿Te quedaste atascado en eso? *Did you get stuck in that?*

549) concluir - to conclude
Concluyó con una risita. *He concluded with a chuckle.*

550) alquilar - to rent
Tuvimos que alquilar nuestra casa. *We had to rent our house.*

551) justificar - to justify
No tengo que justificar mis acciones. *I don't have to justify my actions.*

552) guiar - to guide, lead
¿Y eso te guió hasta mí? *And it led you to me?*

553) derrotar - to defeat
Creen que lo pueden derrotar. *They believe they can defeat him.*

554) esforzarse - to strive, try hard
Ella se esforzó por encontrarlo. *She tried hard to find him.*
Sin esforzarse demasiado. *Without trying too hard.*

555) cavar - to dig
Tengo que cavar aquí. *I have to dig here.*

556) despegar - to take off

Estaba bien cuando despegamos. *He was fine when we took off.*
Desde que mi negocio despegó. *Since my business took off.*

557) bendecir - to bless

Dios te bendiga. *God bless you.*

558) competir - to compete

No puedo competir con tu esposa. *I can't compete with your wife.*

559) reclamar - to claim, complain

Nadie reclamó el maletín. *Nobody claimed the briefcase.*
Pero no puedo reclamar. *But I can't complain.*

560) convenir - to suit

Yo creo que nos conviene. *I think it suits us.*
Así que te conviene estar lista. *So, you might want to get ready.*

561) herir - to injure, hurt

No va a herir mis sentimientos. *It won't hurt my feelings.*

562) trepar - to climb

Yo solía trepar a ese árbol. *I used to climb that tree.*

563) derribar - to bring down

Vamos a derribar el edificio. *Let's bring down the building.*

564) derramar - to spill, shed

El café se derramó. *The coffee spilled.*
No derramó ni una lágrima. *He didn't shed one tear.*

565) enloquecerse - to go crazy

¿Mi regalo la enloqueció? *Did my present freak her out?*
Está enloqueciendo un poco. *She's getting a little crazy.*

566) torcer - to twist
Se retorció el cuello. *He twisted his neck.*
Tienes que torcer las reglas. *You have to bend the rules.*

567) descargar - to unload, download
Les ayudé a descargar el camión. *I helped them unload the truck.*
Descargué esta aplicación. *I downloaded this app.*

568) ensayar - to rehearse, test
¿Qué estabas ensayando? *What were you rehearsing?*

569) aplastar - to crush
Empezaron a aplastar la basura. *They started crushing the trash.*

570) sumergirse - to dive, plunge
Se sumergió en el agua. *He plunged into the water.*

571) dañar - to damage
Quizá el teléfono se dañó. *Maybe the phone was damaged.*

572) mezclar - to mix, blend
Estás mezclando las cosas. *You're mixing things up.*

573) arrepentirse - to regret
No te arrepentirás. *You will not regret.*

574) desperdiciar - to waste
No quiero desperdiciar agua. *I don't want to waste water.*

575) ligar - to bind, pick up
Intentaba ligar conmigo. *He was hitting on me.*

576) soplar - to blow
El viento soplaba fuerte. *The wind was blowing hard.*

577) desmayarse - to faint
Se desmayó justo después. *He fainted straight after.*

578) satisfacer - to satisfy
Para satisfacer tu curiosidad. *To satisfy your curiosity.*

579) rellenar - to fill in
Me ayuda a rellenar los huecos. *It helps me fill in the gaps.*

580) divorciar - to divorce
Yo también me estoy divorciando. *I'm getting divorced, too.*

581) imprimir - to print
¿Lo podemos imprimir? *Can we print it?*

582) gozar - to enjoy
Espero que lo estés gozando. *I hope you're enjoying it.*

583) extraer - to extract
Necesito extraer la información *I need to extract the information.*

584) tropezar - to stumble, trip
Tenía que cuidarme de no tropezar. *I had to be careful not to trip.*

585) fallecer - to pass away
Mi tío falleció el año pasado. *My uncle passed away last year.*

586) resumir - to summarize
Sólo para resumir hasta ahora. *Just to sum up so far.*

587) masticar - to chew
Tienes que masticar esto. *You have to chew this.*

588) conquistar - to conquer
Deberías conquistar a la chica. *You should court the girl.*

589) derretir - to melt

El calor derritió mi bebida. *The heat melted my drink.*

590) afrontar - to face

Es tiempo de afrontar el hecho. *It's time to face the fact.*

591) reemplazar - to replace

Ella te va a reemplazar. *She will replace you.*

592) decepcionar - to disappoint

No la voy a decepcionar. *I will not let her down.*

593) aprobar - to approve

No puedo aprobar su solicitud. *I can't approve your request.*

594) congelar - to freeze

Me estoy congelando aquí. *I'm freezing in here.*

595) corregir - to correct

Trató de corregir ese fracaso. *He tried to correct that failure.*

596) evaluar - to evaluate, assess

Estamos evaluando la situación. *We are assessing the situation.*

597) atropellar - to run over

Me atropelló y se dio a la fuga. *He ran me over and fled.*

598) demandar - to sue, demand

Nos puede demandar si quisiera. *He could sue us if he wanted.*

599) gotear - to drip

Está goteando en mi piso. *It's dripping on my floor.*

600) deambular - to wander

Estaba deambulando las calles. *He was wandering the streets.*

Adjectives 301-500

301) gris - gray
Pelo gris, ojos azules. *Gray hair, blue eyes.*

302) actual - current
Conocí a su actual esposa. *I met his current wife.*

303) constante - constant
Es como una reunión constante. *It's like one constant meeting.*

304) pendiente - pending
Yo tengo asuntos pendientes. *I have unfinished business.*

305) tremendo - tremendous, awful
Hiciste un tremendo trabajo. *You did a tremendous job.*

306) extraordinario - extraordinary
Es un hombre extraordinario. *He's an extraordinary man.*

307) inmenso - immense
Con inmensa alegría personal. *With immense personal joy.*

308) silencioso - silent
Un noche muy silenciosa. *A very silent night.*

309) similar - similar
He visto un anillo similar. *I've seen a similar ring.*

310) apretado - tight
Mi vestido está muy apretado. *My dress is too tight.*

311) concreto - concrete
Debería ser más concreto. *It should be more concrete.*
Nada en concreto. *Nothing specific.*

312) inmóvil - motionless
Permaneció inmóvil durante horas. *He remained motionless for hours.*

313) excitante - exciting
Esa es la parte excitante. *That's the exciting part.*
Es tan excitante. *It's so exciting.*

314) hambriento - hungry
Eso siempre me pone hambriento. *It always makes me hungry.*

315) malvado - wicked, evil
¿Eso me hace malvado? *Does that make me evil?*

316) eterno - eternal
La tierra de la eterna juventud. *The land of eternal youth.*

317) sordo - deaf
Pensé que era sordo. *I thought he was deaf.*

318) delantero - front
Se apresuró a la puerta delantera. *He hurried to the front door.*

319) sagrado - sacred
Sabes que esto es suelo sagrado. *You know this is sacred ground.*

320) decepcionado - disappointed
Estoy decepcionada de ti. *I'm disappointed in you.*

321) tierno - tender
Eso fue realmente tierno. *That was really sweet.*
Aquel chaleco está muy tierno. *That vest is very cute.*

322) reciente - recent
Aquí tiene una foto reciente. *Here's a recent picture.*

323) leve - slight
Tiene una leve contusión. *He has a slight bruise.*

324) urgente - urgent
¿Cuál es la cuestión urgente? *What's the urgent question?*

325) helado - icy
Estén en una piscina helada. *They're in an icy pool.*

326) aéreo - air
Pueden sabotear el tráfico aéreo. *They can sabotage air traffic.*

327) egoísta - selfish
Es egoísta de mi parte. *It's selfish of me.*

328) basado - based
Basado en una historia real. *Based on a true story.*

329) temporal - temporary
Pero esto es sólo temporal. *But this is just temporary.*

330) simpático - nice
Parecía muy simpática. *She seemed very nice.*

331) generoso - generous
En verdad es bastante generoso. *It's actually quite generous.*

332) ancho - wide
Es más ancho por dentro. *It's wider on the inside.*

333) vago - vague, lazy
Es un proyecto algo vago. *It's a something vague project.*
Eso es simplemente de vago. *That's just lazy.*

334) redondo - round
Un objeto redondo y brillante. *A round and shiny object.*

335) humilde - humble
En mi humilde opinión. *In my humble opinion.*

336) emocionante - exciting, thrilling
Esto es muy emocionante. *This is very exciting.*

337) vigilante - vigilant
Un propietario muy vigilante. *A very vigilant owner.*

338) diminuto - tiny
Somos una parte diminuta de esto. *We're a tiny part of this.*

339) básico - basic
Tiene herramientas básicas. *He has basic tools.*

340) atento - attentive, thoughtful
Te dije que estuvieras atento. *I told you to be attentive.*
¿Cómo de atento he sido? *How thoughtful was I?*

341) irritado - irritated, annoyed
Está un poco irritado. *He's a little irritated.*

342) ardiente - burning, hot
El horno era tan ardiente. *The furnace was so hot.*
Luces muy ardiente esta noche. *You look super hot tonight.*

343) lejano - far, distant
De un lugar muy lejano. *From a place very far away.*
Ahora es un recuerdo lejano. *Now it's a distant memory.*

344) inesperado - unexpected
Fue completamente inesperado. *It was completely unexpected.*

345) específico - specific
¿Podría ser más específico? *Could you be more specific?*

346) financiero - financial
Están en apuros financieros. *They're in a financial trouble.*

347) agresivo - aggressive
Ella es una hembra agresiva. *She's an aggressive female.*

348) maduro - mature
Es muy maduro para su edad. *He's very mature for his age.*

349) congelado - frozen
En un lago congelado. *On a frozen lake.*

350) discreto - discreet
Tienes que ser discreto. *You have to be discreet.*

351) razonable - reasonable
A un precio razonable. *At a reasonable price.*

352) fascinante - fascinating
Es fascinante, ¿no crees? *It's fascinating, don't you think?*

353) sólido - solid
¿Eso te suena sólido a ti? *Does that sound solid to you?*

354) determinado - determined
Está determinada a tenerlo todo. *She's determined to have it all.*

355) entusiasmado - excited, enthusiastic
Yo no estaría muy entusiasmado. *I wouldn't get too excited.*

356) guay / chido - cool (Spa/Mex)
Voy a intentar parecer guay. *I will try to look cool.*

357) fiel - faithful
He sido fiel a mi marido. *I've been faithful to my husband.*

358) previsto - planned, predicted
Ya tengo eso previsto. *I've got that worked out.*
Tal como había previsto. *Just as I foresaw.*

359) espectacular - spectacular
Esto es espectacular. *This is spectacular.*

360) infinito - infinite
El reflejo infinito de espejos. *The infinite reflection of mirrors.*

361) decente - decent
Encontré un apartamento decente. *I found a decent apartment.*

362) inquieto - worried, restless
Estás inquieto por algo. *You're worried about something.*
Llevas inquieto toda la noche. *You've been restless all night.*

363) gigantesco - gigantic
Estábamos en un barco gigantesco. *We were in a gigantic ship.*

364) inicial - initial
Después del golpe inicial. *After the initial shock.*

365) cariñoso - affectionate
Eres tan cariñoso. *You're so caring.*
¿Les dijiste que era cariñoso? *You told them I was sweet?*

366) frágil - fragile
El amor es algo frágil. *Love is a fragile thing.*

367) castaño - chestnut brown
Tenía pelo castaño. *He had brown hair.*

368) recto - straight
Un objeto con un borde recto. *An object with a straight edge.*

369) estable - stable, steady
Conseguí un trabajo estable. *I got a steady job.*

370) repentino - sudden
Cualquier movimiento repentino. *Any sudden movement.*

371) educado - polite
No es muy educado interrumpir. *It's not polite to interrupt.*

372) científico - scientific
No hay una explicación científica. *There's no scientific explanation.*

373) obsesionado - obsessed
¿Por qué estás tan obsesionada? *Why are you so obsessed?*

374) hinchado - swollen
En realidad no está hinchado. *It's not really swollen.*

375) químico - chemical
Un componente químico. *A chemical component.*

376) aislado - isolated
Estuvo aislado toda la noche. *He was isolated all night.*

377) múltiple - multiple
Tiene múltiples interpretaciones. *It has multiple interpretations.*

378) escolar - school
Coincide con el año escolar. *It matches the school year.*

379) tembloroso - trembling, shaky
Dijo con voz temblorosa. *He said in a trembling voice.*

380) agudo - acute, sharp
Sentí un dolor agudo. *I felt a sharp pain.*
Un sentido del humor muy agudo. *A very sharp sense of humor.*

381) deprimido - depressed
Estuve deprimido todo el día. *I was depressed all day.*

382) fijo - fixed
Mi tasa de interés fijo. *My fixed interest rate.*

383) liso - smooth, straight
El hielo era tan liso. *The ice was so smooth.*
Prefiero el pelo liso. *I prefer straight hair.*

384) afilado - sharp
Con un afilado cuchillo. *With a sharp knife.*

385) injusto - unfair
Eso sería injusto. *That would be unfair.*

386) infeliz - unhappy
Mi marido también es infeliz. *My husband is also unhappy.*

387) siniestro - sinister
Bastante siniestro, ¿no? *Pretty spooky, huh?*
Suena siniestro. *Sounds ominous.*

388) vulnerable - vulnerable
Le hemos hecho parecer vulnerable. *We made him look vulnerable.*

389) casero - homemade
Quiero un chocolate casero. *I want a homemade chocolate.*

390) destinado - destined
Estaba destinado a pasar. *It was meant to happen.*

391) espacial - space
Un simulador de vuelo espacial. *A space flight simulator.*

392) grosero - rude
No hace falta ser grosero. *There's no need to be rude.*

393) espiritual - spiritual
Encontré mi fuerza espiritual. *I found my spiritual strength.*

394) mecánico - mechanical
Arregló el defecto mecánico. *He fixed the mechanical defect.*

395) digno - worthy, dignified
No soy digno de ti. *I'm not worthy of you.*
Una manera más digna. *A more dignified way.*

396) religioso - religious
Ella no era una mujer religiosa. *She was not a religious woman.*

397) asombrado - amazed
Seguro que estarás asombrado. *I'm sure you'll be amazed.*

398) rígido - rigid, stiff
Parecía un poco rígido. *He seemed a little stiff.*

399) vano - vain
Asegurate que no es en vano. *Make sure it's not in vain.*

400) amoroso - loving
Es un marido amoroso. *He's a loving husband.*
¿No hay conexión amorosa? *No love connection?*

401) cuidadoso - careful
Quiero que seas cuidadoso. *I want you to be careful.*

402) plateado - silver
Llevaré un vestido plateado. *I will wear a silver dress.*

403) saludable - healthy

No es una relación saludable. *It's not a healthy relationship.*

404) sobrio - sober

Quiere permanecer sobrio. *He wants to stay sober.*

405) retrasado - late, delayed

Sé que estás retrasado. *I know you're late.*

406) atrevido - daring

Eso es bastante atrevido. *That is pretty daring.*

407) opuesto - opposite

En la dirección opuesta. *In the opposite direction.*

408) torpe - clumsy, awkward

¿Eres realmente tan torpe? *Are you really that clumsy?*
Eso fue tan torpe. *That was so awkward.*

409) espeso - thick, dense

Cabello oscuro, espeso. *Dark, thick hair.*
A través del aire espeso. *Through the thick air.*

410) posterior - later, rear

Está basada en tecnología posterior. *It's based on later technology.*
La parte posterior del cráneo. *The back of the skull.*

411) avanzado - advanced

El avión más avanzado jamás construido. *The most advanced plane ever built.*

412) extranjero - foreign

Algún tipo de nombre extranjero. *Some kind of foreign name.*

413) noble - noble

No soy bueno siendo noble. *I'm no good at being noble.*

414) agitado - agitated, hectic

Está actuando un poco agitado. *He's acting a little agitated.*

415) insoportable - unbearable

Debe ser insoportable algunas veces. *It could be unbearable at times.*

416) perplejo - puzzled, perplexed

Ellos han estado perplejos. *They've been stumped.*

417) lateral - side

¿Puedes abrir la puerta lateral? *Can you open the side door?*

418) idéntico - identical

Tengo una bufanda idéntica. *I have an identical scarf.*

419) inquietante - disturbing

Esto puede ser un poco inquietante. *This might be a little disturbing.*

420) ausente - absent

He sido un padre ausente. *I've been an absent father.*
¿Cuánto tiempo estuvo ausente? *How long was he away for?*

421) denso - dense

El aire se está volviendo denso. *The air is getting thick.*

422) sutil - subtle

No fuiste precisamente sutil. *You weren't exactly subtle.*

423) sabio - wise

¿Cómo te has vuelto tan sabio? *How did you get so wise?*

424) interminable - endless

Es como una pesadilla interminable. *It's like an endless nightmare.*

425) despejado - clear
El cielo estaba despejado. *The sky was clear.*
La cocina está despejada. *Kitchen is clear.*

426) amargo - bitter
Un divorcio cada vez más amargo. *An increasingly bitter divorce.*

427) repugnante - disgusting
Esto es tan repugnante. *This is so disgusting.*

428) blando - soft
La comida es increíblemente blanda. *The food is incredibly soft.*
Sabe que soy blando. *He knows I'm soft.*

429) hostil - hostile, unfriendly
No hay necesidad de ser hostil. *No need to be hostile.*

430) aterrorizado - terrified
Estaba aterrorizada. *I was terrified.*

431) adicto - addicted
Me estoy volviendo adicto a eso. *I'm getting addicted to it.*

432) suicida - suicidal
Eso es un ataque suicida. *That's a suicide attack.*

433) repleto - full
Estás repleta de respuestas. *You're full of answers.*
Un lugar repleto con la maldad. *A place filled with evil.*

434) mero - mere, just
Es más que un mero trabajo. *It's more than just a job.*
Es una mera formalidad. *It's just a formality.*

435) manchado - stained, spotted
Estaba manchada con sangre. *It was stained with blood.*

436) confiado - confident
Soy más fuerte, más confiada. *I'm stronger, more confident.*

437) ingenuo - naive
¿Se cree que eres tan ingenuo? *Does he think you're that naive?*

438) indefenso - helpless, defenseless
No soy un hombre indefenso. *I'm not a helpless man.*

439) pésimo - terrible
Soy un pésimo artista. *I'm a terrible artist.*
Un fin de semana tan pésimo. *Such a lousy weekend.*

440) cardíaco - heart
Mi paciente tuvo un paro cardíaco. *My patient had a heart attack.*

441) arriesgado - risky
Es demasiado arriesgado. *It's too risky.*

442) podrido - rotten
Se supone que sería fruta podrida. *It was supposed to be rotten fruit.*

443) potente - powerful
Has tomado una droga muy potente. *You ingested a powerful drug.*

444) leal - loyal
No será leal contigo. *He will not be loyal to you.*

445) inusual - unusual
Este punto es bastante inusual. *This spot is quite unusual.*

446) paranoico - paranoid
Haces que me vuelva paranoico. *You're making me paranoid.*

447) aturdido - stunned
Creo que estoy algo aturdido. *I think I'm kind of stunned.*

448) empapado - soaked
Me hubiese empapado. *I would have drenched.*

449) minúsculo - tiny
Tiene muebles minúsculos. *It has tiny furniture.*

450) ajustado - tight
Me gusta la ropa ajustada. *I like tight clothes.*

451) plano - plane, flat
Un televisor de pantalla plana. *A flat screen TV.*

452) laboral - labor, work
Una disputa laboral muy difícil. *A very tricky labor dispute.*

453) desconcertado - puzzled
Parecía desconcertada. *She seemed puzzled.*
La pregunta lo dejó desconcertado. *The question left him baffled.*

454) calvo - bald
¿Te estás volviendo calvo? *Are you going bald?*

455) inevitable - inevitable
Ambos sabemos que es inevitable. *We both know it's inevitable.*

456) aterrador - terrifying
Más aterrador que los fantasmas. *More scary than ghosts.*

457) frustrado - frustrated
Se sentía cada vez más frustrada. *She felt increasingly frustrated.*

458) mareado - dizzy, lightheaded
Además, me siento mareado. *Plus, I'm feeling lightheaded.*
¿Te sientes un poco mareada? *Feeling a little queasy?*

459) distante - distant

Creen que eres un poco distante. *They think you're a little distant.*

460) exitoso - successful

Ella renunció a una carrera exitosa. *She gave up a successful career.*

461) deportivo - sports

Conducía un coche deportivo. *He drove a sports car.*

462) mudo - mute

El joven se quedó mudo. *The young man was speechless.*

463) horrorizado - horrified

Al principio estaba horrorizada. *At first I was horrified.*

464) humillante - humiliating

Será realmente humillante. *It will be really humiliating.*

465) espeluznante - spooky, creepy

Es demasiado espeluznante. *It's too creepy.*
Este lugar es espeluznante. *This place is creepy.*

466) pensativo - thoughtful

La miró pensativo. *He looked at her thoughtfully.*

467) convincente - convincing

Pude haber sido más convincente. *I could have been more convincing.*

468) astuto - clever, cunning

Fue un plan bastante astuto. *It was a pretty smart plan.*

469) insignificante - insignificant

No diría que fue insignificante. *I wouldn't say it was insignificant.*

470) vergonzoso - shameful, embarrassing
Es vergonzoso admitirlo. *It's embarrassing to admit this.*
Después de esa vergonzosa noche. *After that embarrassing night.*

471) ruidoso - noisy
La fiesta estaba muy ruidosa. *The party was very noisy.*

472) salado - salty
¿No tenemos nada salado? *Don't we have anything salty?*

473) protector - protective
Entonces, él es un poco protector. *So he's a little protective.*

474) seductor - seductive
Su voz era suave y seductora. *Her voice was soft and seductive.*

475) bronceado - tanned
Pelo rizado, piel bronceada. *Curly hair, tanned skin.*

476) histórico - historical
Es un día histórico. *It's a historic day.*

477) embarazoso - embarrassing, awkward
Eso fue tan embarazoso. *That was so embarrassing.*
Es un poco embarazoso. *It's a little awkward.*

478) amistoso - friendly
Es un barrio muy amistoso. *It's a very friendly neighborhood.*

479) alucinante - hallucinatory, amazing
Eso es alucinante. *That's amazing.*

480) áspero - rough, harsh
Es áspero, pero es algo. *It's rough, but it's something.*
La iluminación es un poco áspera. *The lighting is a bit harsh.*

481) chistoso - funny

¿Por qué es chistoso? *Why's that funny?*
Ojalá fuera más chistoso. *Wish it were funnier.*

482) juvenil - youthful

Toda esa energía juvenil alrededor. *All that youthful energy around.*

483) morado - purple

A las chicas les gusta el morado. *Girls like purple.*

484) flaco - skinny

Estás demasiado flaca. *You're too skinny.*

485) tinto - red

Derramaste vino tinto en la camisa. *You spilled red wine on my shirt.*

486) corporal - bodily

El lenguaje corporal dice la verdad. *Body language tells the truth.*

487) estatal - state

Fue a la universidad estatal. *He went to a state college.*

488) inestable - unstable

Este suelo es muy inestable. *This floor is too unstable.*

489) picante - spicy

La mejor sopa picante. *The best spicy soup.*

490) tenue - faint, dim

La iluminación era muy tenue. *The lighting was very dim.*

491) nefasto - disastrous

Las consecuencias pueden ser nefastas. *Consequences can be dire.*

492) descalzo - barefoot

Es un poco como andar descalzo. *It's a bit like walking barefoot.*

493) deprimente - depressing

Eso es incluso más deprimente. *That's even more depressing.*

494) creciente - growing

La creciente tensión en el matrimonio. *The growing tension in marriage.*

495) esbelto - slender

Era esbelta y hermosa. *She was slender and beautiful.*

496) terco - stubborn

Porqué ella era muy terca. *Because she was too stubborn.*

497) demente - insane

Su comportamiento es demente. *His behavior is insane.*

498) eficaz - effective

Tenemos un método muy eficaz. *We have a very effective method.*

499) perezoso - lazy

Deja de ser perezoso. *Stop being lazy.*

500) aleatorio - random

No parece que sea aleatorio. *It doesn't seem random.*

Other words 301-350

301) nerviosamente - nervously
Estaba actuando nerviosamente. *He was acting nervously.*

302) tristemente - sadly
Tristemente no existen los vampiros. *There are no vampires, sadly.*

303) automáticamente - automatically
Se reiniciará automáticamente. *It will restart automatically.*

304) tímidamente - shyly
La azafata sonrió tímidamente. *The stewardess smiled shyly.*

305) habitualmente - usually
Su piel está habitualmente seca. *His skin is usually dry.*

306) silenciosamente - quietly
Prefiero irme silenciosamente. *I prefer to go quietly.*

307) ruidosamente - loudly
Estornudó ruidosamente. *He sneezed loudly.*

308) voluntariamente - voluntarily
Puede hacerlo voluntariamente. *He can do it voluntarily.*

309) estupendamente - superbly
Las cosas están estupendamente. *Things are great.*
Estoy pasándolo estupendamente. *I'm having a great time.*

310) intensamente - intensely
He entrenado intensamente. *I have trained intensely.*

311) remotamente - remotely
¿Se puede activar remotamente? *Can it be activated remotely?*

312) dulcemente - sweetly
Ella manejo hablar dulcemente. *She managed to talk sweetly.*

313) deliberadamente - deliberately
Te ha mentido deliberadamente. *He has deliberately lied to you.*

314) educadamente - politely
Ella nos sonríe educadamente. *She smiles at us politely.*

315) parcialmente - partially
Al menos parcialmente orgánico. *At least partially organic.*

316) extraordinariamente - extraordinarily
Este es extraordinariamente raro. *This is extraordinarily rare.*

317) momentáneamente - momentarily
Estás momentáneamente infeliz. *You're momentarily unhappy.*

318) independientemente - regardless
Independientemente de lo que pase. *Regardless of what happens.*

319) instintivamente - instinctively
Levanto los ojos instintivamente. *I raise my eyes instinctively.*

320) débilmente - weakly
El piso crujía muy débilmente. *The floor creaked very weakly.*

321) entretanto - meanwhile
Entretanto, hable con este hombre. *In the meantime, talk to this man.*

322) frenéticamente - frantically
Estaban buscando frenéticamente. *They were frantically searching.*

323) casualmente - by chance, casually
Que casualmente tengo justo aquí. *Which I happen to have right*

here.
Le pregunté casualmente. *I casually asked her.*

324) excesivamente - excessively
Es excesivamente emotiva. *She is over-emotional.*

325) adecuadamente - adequately
Responderemos adecuadamente. *We will respond appropriately.*

326) delicadamente - delicately
¿Cómo puedo decirlo delicadamente? *How can I put this delicately?*

327) cariñosamente - affectionately
Él la abrazó cariñosamente. *He hugged her affectionately.*

328) públicamente - publicly
Lo hizo públicamente. *He did it publicly.*

329) conque - so
¿Conque usted es su padre? *So you're her father?*

330) torpemente - clumsily, awkwardly
Resbalé torpemente en el barro. *I slipped awkwardly in the mud.*

331) gravemente - seriously
Está gravemente enferma. *She is seriously ill.*

332) fríamente - coldly
Se limitó a mirarme fríamente. *He just looked at me coldly.*

333) cómodamente - comfortably
Está descansando cómodamente. *He is resting comfortably.*

334) peligrosamente - dangerously
Le gusta vivir peligrosamente. *He likes to live dangerously.*

335) practicamente - practically
Practicamente cada día. *Pretty much every day.*

336) inútilmente - uselessly
Esperó inútilmente una reacción. *He waited in vain for a reaction.*

337) puramente - purely
Su interés era puramente científico. *His interest was purely scientific.*

338) pesadamente - heavily
Caí pesadamente sobre mi cama. *I fell heavily on my bed.*

339) inconscientemente - unconsciously
Cruzo los dedos inconscientemente. *I cross my fingers unconsciously.*

340) fugazmente - briefly
Se miró fugazmente al espejo. *He looked fleetingly in the mirror.*

341) potencialmente - potentially
Potencialmente es mucho peor. *Potentially it's far worse.*

342) inevitablemente - inevitably
Inevitablemente saldrá a la luz. *Inevitably it'll come to light.*

343) misteriosamente - mysteriously
Han desaparecido misteriosamente. *They have mysteriously disappeared.*

344) enteramente - entirely
No es enteramente humana. *She's not entirely human.*

345) decididamente - decidedly, definitely
Parece decididamente feliz. *He seems decidedly happy.*

346) locamente - madly

Estoy locamente enamorado de ella. *I'm madly in love with her.*

347) duramente - hard, harshly
He intentado muy duramente. *I tried very hard.*

348) apasionadamente - passionately
Estuviste apasionadamente enamorada. *You were passionately in love.*

349) milagrosamente - miraculously
Y milagrosamente sucedió. *And miraculously it happened.*

350) asombrosamente - amazingly
Resultaba asombrosamente fácil. *It was amazingly easy.*

Thematic
word lists

Colors (los colores)

1) **blanco** - white
2) **negro** - black
3) **rojo** - red
4) **azul (oscuro)** - (dark) blue
5) **verde (claro)** - (light) green
6) **amarillo** - yellow
7) **dorado** - golden
8) **naranja** - orange
9) **marrón** - brown
10) **gris** - gray
11) **(cabello) castaño** - brown (hair)
12) **rosa** - pink
13) **morado** - purple
14) **(vino) tinto** - red (wine)
15) **rojizo** - reddish
16) **verdoso** - greenish
17) **beige** - beige
18) **turquesa** - turquoise
19) **burdeos** - burgundy

Opposites (los opuestos)

1) **más / menos** - more / less
2) **mucho / poco** - much / little
3) **bueno / malo** - good / bad
4) **primero / último** - first / last
5) **grande / pequeño** - big / small
6) **mejor / peor** - better / worse
7) **nuevo / viejo** - new / old
8) **alto / bajo** - high, tall / low, short
9) **temprano / tarde** - early / late

10) fácil / difícil - easy / hard
11) cerca / lejos - near / far
12) feliz / triste - happy / sad
13) seguro / peligroso - safe / dangerous
14) largo / corto - long / short
15) lleno / vacío - full / empty
16) rápido / lento - fast / slow
17) suave / duro - soft / hard
18) abierto / cerrado - open / closed
19) fuerte / débil - strong / weak
20) caliente / frío - hot / cold
21) arriba / abajo - above / below
22) izquierda / derecha - left / right
23) inteligente / estúpido - smart / stupid
24) verdadero / falso - true / false
25) hermoso / feo - beautiful / ugly
26) rico / pobre - rich / poor
27) limpio / sucio - clean / dirty
28) divertido / aterrador - funny / scary
29) interesante / aburrido - interesting / boring
30) casado / soltero - married / single
31) dulce / amargo - sweet / bitter
32) inocente / culpable - innocent / guilty
33) enorme / minúsculo - huge / tiny
34) tranquilo / enojado - calm / angry
35) agradable / desagradable - pleasant / unpleasant
36) sabio / tonto - wise / foolish
37) saludable / enfermo - healthy / sick
38) cómodo / incómodo - comfortable / uncomfortable
39) orgulloso / humilde - proud / humble
40) profundo / superficial - deep / superficial
41) ligero / pesado - light / heavy
42) mojado / seco - wet / dry
43) grueso / delgado - thick / thin
44) satisfecho / celoso - satisfied / jealous
45) útil / inútil - useful / useless

46) **encantador / asqueroso** - lovely / disgusting
47) **ancho / estrecho** - wide / narrow
48) **valiente / cobarde** - brave / cowardly
49) **caro / barato** - expensive / cheap
50) **maduro / infantil** - mature / childish
51) **atractivo / poco atractivo** - attractive / unattractive
52) **confiado / tímido** - confident / shy
53) **educado / grosero** - polite / rude
54) **fiel / infiel** - faithful / unfaithful
55) **estable / inestable** - stable / unstable
56) **liso / áspero** - smooth / rough
57) **experimentado / ingenuo** - experienced / naive
58) **generoso / codicioso** - generous / greedy
59) **cuidadoso / descuidado** - careful / careless
60) **redondo / plano** - round / flat
61) **amigable / hostil** - friendly / unfriendly
62) **inofensivo / dañino** - harmless / harmful
63) **eficaz / ineficaz** - effective / ineffective

People (la gente)

1) **el hombre** - man
2) **el amigo** - friend
3) **el padre** - father, parents (pl.)
4) **la mujer** - woman, wife
5) **la madre** - mother
6) **la persona** - person, people (pl.)
7) **el hijo** - son, children (pl.)
8) **el chico** - boy, guy
9) **la chica** - girl
10) **la mamá** - mom
11) **el niño** - child, kid
12) **el papá** - dad
13) **el hermano** - brother
14) **la señora** - lady

15) el tipo - guy
16) el tío - uncle; guy (Spa)
17) la hija - daughter
18) la hermana - sister
19) el/la joven - young man/woman
20) la esposa - wife
21) la niña - girl, child
22) el bebé - baby
23) el marido - husband
24) la novia - girlfriend, bride
25) el muchacho - lad, boy
26) el cliente - client, customer
27) el compañero - partner, companion
28) el novio - boyfriend, groom
29) la pareja - couple
30) la abuela - grandmother
31) la señorita - young lady
32) la tía - aunt
33) el abuelo - grandfather, grandparents (pl.)
34) el/la colega - colleague
35) el invitado - guest
36) el/la amante - lover
37) el vecino - neighbor
38) el/la estudiante - student
39) el/la adolescente - teenager
40) el papi - daddy
41) el esposo - husband
42) el dueño - owner
43) el caballero - gentleman
44) el/la criminal - criminal
45) el adulto - adult
46) el empleado - employee
47) el ladrón - thief
48) el primo - cousin
49) el testigo - witness
50) la ama de casa - housewife

51) **la muchacha** - girl
52) **el socio** - partner, member
53) **el sujeto** - fellow
54) **el esclavo** - slave
55) **el pasajero** - passenger
56) **la multitud** - crowd
57) **la rubia** - blonde
58) **el funcionario** - official
59) **el alumno** - pupil, student
60) **el prisionero** - prisoner
61) **el cura** - priest
62) **el anciano** - old man
63) **el nieto** - grandson
64) **el ciudadano** - citizen
65) **la dama** - lady
66) **el campeón** - champion
67) **el sobrino** - nephew
68) **el sacerdote** - priest
69) **los gemelos** - twins
70) **el cuñado** - brother-in-law
71) **el cristiano** - Christian
72) **el propietario** - owner
73) **el rehén** - hostage
74) **el huésped** - guest
75) **el/la turista** - tourist
76) **el chaval** - kid (Spa)
77) **el pariente** - relative
78) **el judío** - Jew
79) **el extranjero** - foreigner
80) **el/la fan** - fan
81) **el comprador** - buyer
82) **el lector** - reader
83) **el suegro** - father-in-law
84) **la sobrina** - niece
85) **el rebelde** - rebel
86) **el delincuente** - criminal

87) el/la residente - resident
88) la monja - nun
89) la prometida - fiancée
90) la jovencita - young lady
91) el nene - kid
92) el padrino - godfather
93) el/la espía - spy
94) la morena - brunette
95) el matón - thug, bully
96) el/la visitante - visitor
97) la suegra - mother-in-law
98) la pelirroja - redhead
99) la viuda - widow
100) el indio - Indian
101) el/la representante - representative
102) el padrastro - stepfather
103) la vieja - old lady
104) el aficionado - amateur
105) el alcohólico - alcoholic
106) la madrastra - stepmother
107) el viajero - traveler
108) el novato - freshman
109) el servidor - servant
110) el rival - rival
111) el voluntario - volunteer
112) la nieta - granddaughter
113) el anfitrión - host
114) el monje - monk
115) el jovencito - young man
116) el/la descendiente - descendant
117) el obispo - bishop
118) el/la oyente - listener
119) el espectador - viewer
120) el seguidor - follower
121) el/la coleccionista - collector
122) el hombre sin hogar - homeless man

123) el/la participante - participant
124) el/la principiante - beginner
125) el jubilado - retiree
126) la cuñada - sister-in-law
127) el inquilino - tenant
128) el empleador - employer
129) la madrina - godmother
130) la nuera - daughter-in-law
131) el zurdo - left-hander
132) el peatón - pedestrian
133) el mendigo - beggar
134) el gamberro - hooligan
135) el/la integrante - member
136) el gitano - gypsy
137) el yerno - son-in-law
138) el/la cónyuge - spouse
139) el aldeano - villager
140) la dama de honor - bridesmaid
141) el carterista - pickpocket
142) el hermanastro - half-brother
143) la hijastra - stepdaughter
144) la cazafortunas - gold digger

Occupations (las profesiones)

1) la policía - policeman
2) el médico - doctor, physician
3) el abogado - lawyer
4) el profesor - teacher, professor
5) el soldado - soldier
6) la enfermera - nurse
7) el maestro - teacher
8) el juez - judge

9) el escritor - writer
10) el mesero / el camarero - waiter (L.Am/Spa)
11) el/la artista - artist
12) el conductor - driver
13) el jugador - player
14) el alcalde - mayor
15) el/la periodista - journalist
16) el actor - actor
17) el político - politician
18) el entrenador - coach
19) el científico - scientist
20) el/la terapeuta - therapist
21) el vendedor - salesman
22) el investigador - researcher
23) el cirujano - surgeon
24) la mesera / la camarera - waitress (L.Am/Spa)
25) el/la cantante - singer
26) la niñera - babysitter, nanny
27) la actriz - actress
28) el bombero - firefighter
29) el fotógrafo - photographer
30) la secretaria - secretary
31) el psicólogo - psychologist
32) el/la psiquiatra - psychiatrist
33) el marinero - sailor
34) el cocinero - cook
35) el ingeniero - engineer
36) el/la gerente - manager
37) el músico - musician
38) el/la dentista - dentist
39) el pintor - painter
40) los guardaespaldas - bodyguard
41) el portero - goalkeeper, doorman
42) el consejero - adviser
43) el reportero - reporter
44) el/la salvavidas - lifeguard

45) la modelo - model
46) el payaso - clown
47) la criada - maid
48) la bailarina - dancer
49) el/la recepcionista - receptionist
50) el jardinero - gardener
51) el poeta - poet
52) el arquitecto - architect
53) el corredor - broker
54) el granjero - farmer
55) el mecánico - mechanic
56) el banquero - banker
57) el/la atleta - athlete
58) el cartero - mailman
59) la sirvienta - maid
60) el productor musical - music producer
61) el carnicero - butcher
62) el empresario - entrepreneur
63) el/la comerciante - trader
64) el dependiente - sales clerk
65) la animadora / la porrista - cheerleader (--/Col, Mex)
66) el embajador - ambassador
67) el mago - magician
68) el pescador - fisherman
69) el contador - accountant
70) el presentador de TV - TV host
71) el plomero / el fontanero - plumber (L.Am/Spa)
72) el director de cine - film director
73) la cajera - cashier
74) el hombre de negocios - businessman
75) el repartidor - delivery man
76) la azafata - flight attendant
77) el programador - programmer
78) el diseñador de moda - fashion designer
79) el traductor - translator
80) el peluquero - hairdresser

81) **el francotirador** - sniper
82) **la señora de la limpieza** - cleaning lady
83) **el árbitro** - referee
84) **el agricultor** - farmer
85) **el electricista** - electrician
86) **el farmacéutico** - pharmacist
87) **el químico** - chemist
88) **el portavoz** - spokesman
89) **el nadador** - swimmer
90) **el buzo** - diver
91) **el sastre** - tailor
92) **el panadero** - baker
93) **el baterista** - drummer
94) **el oficinista** - office worker
95) **el bibliotecario** - librarian
96) **el minero de carbón** - coal miner
97) **el comediante** - comedian
98) **el albañil** - bricklayer
99) **el zapatero** - shoemaker
100) **el leñador** - woodcutter
101) **el guionista** - screenwriter
102) **el soldador** - welder

Body (el cuerpo)

1) **la mano** - hand
2) **los ojos** - eyes
3) **la cabeza** - head
4) **la cara** - face
5) **el pie** - foot
6) **el corazón** - heart
7) **el brazo** - arm
8) **la boca** - mouth
9) **el dedo** - finger
10) **el pelo** - hair

11) **el oído** - ear
12) **la espalda** - back
13) **el labio** - lip
14) **la pierna** - leg
15) **el hombro** - shoulder
16) **la piel** - skin
17) **el rostro** - face
18) **el pecho** - chest, breast
19) **el cuello** - neck
20) **el cerebro** - brain
21) **el diente** - tooth
22) **la nariz** - nose
23) **la lengua** - tongue
24) **la frente** - forehead
25) **la rodilla** - knee
26) **el cabello** - hair
27) **la garganta** - throat
28) **la mejilla** - cheek
29) **el hueso** - bone
30) **el estómago** - stomach
31) **la oreja** - ear
32) **el muslo** - thigh
33) **las caderas** - hips
34) **las cejas** - eyebrows
35) **el pulmón** - lung
36) **la cintura** - waist
37) **el vientre** - belly
38) **el músculo** - muscle
39) **la uña** - fingernail
40) **el tobillo** - ankle
41) **la palma** - palm
42) **el pulgar** - thumb
43) **la muñeca** - wrist
44) **el pulso** - pulse
45) **el puño** - fist
46) **el riñón** - kidney

47) la barbilla - chin
48) el regazo - lap
49) el hígado - liver
50) la vena - vein
51) el codo - elbow
52) la barba - beard
53) la célula - cell
54) la mandíbula - jaw
55) la cicatriz - scar
56) la costilla - rib
57) el cráneo - skull
58) la arruga - wrinkle
59) el talón - heel
60) la barriga - belly
61) el bigote - mustache
62) el peinado - hairstyle
63) las pestañas - eyelashes
64) los párpados - eyelids
65) las pupilas - pupils
66) el ombligo - belly button
67) las nalgas - buttocks
68) el abdomen - abdomen
69) la columna vertebral - spine
70) los rizos - curls
71) el mechón de pelo - lock of hair
72) el pezón - nipple
73) el intestino - intestine
74) el esqueleto - skeleton
75) la ingle - groin
76) la vejiga - bladder
77) la nuca - nape
78) el útero - uterus, womb
79) el dedo índice - index finger
80) la coleta - pigtail
81) la fosa nasal - nostril
82) la axila - armpit

83) el antebrazo - forearm

84) la pantorrilla - calf

85) la trenza - braid, pigtail

86) la cola de caballo - ponytail

87) el dedo del pie - toe

88) el flequillo - bangs

89) los pómulos - cheekbones

90) el sistema inmune - immune system

91) el lóbulo de oreja - earlobe

92) la articulación - joint

93) las pecas - freckles

94) el grano - pimple

95) la espinilla - shin, pimple

96) el esternón - breastbone

97) los bíceps - biceps

98) el tendón - tendon

99) el vaso sanguíneo - blood vessel

100) los hoyuelos - dimples

101) las patillas - sideburns

102) la clavícula - collarbone

103) la verruga - wart

104) las estrías - stretch marks

105) la matriz - womb

106) el tímpano - eardrum

107) la nuez de Adán - Adam's apple

108) el meñique - pinky

109) el esófago - esophagus

110) la pelvis - pelvis

111) la erupción - rash

112) la laringe - larynx

113) la glándula - gland

114) el bazo - spleen

115) la tiroides - thyroid

Clothes (la ropa)

1) **el vestido** - dress
2) **el traje** - suit
3) **el zapato** - shoe
4) **los pantalones** - pants
5) **el bolsillo** - pocket
6) **la camisa** - shirt
7) **la camiseta** - t-shirt
8) **la chaqueta** - jacket
9) **la bota** - boot
10) **el abrigo** - coat
11) **la falda** - skirt
12) **los lentes / las gafas** - glasses (L.Am/Spa)
13) **el sombrero** - hat
14) **los vaqueros** - jeans
15) **el guante** - glove
16) **la corbata** - tie
17) **el cinturón** - belt
18) **el pijama** - pajamas
19) **el collar** - necklace
20) **los calzones / las bragas** - panties (L.Am/Spa)
21) **el calcetín / la media** - sock (--/L.Am)
22) **la manga** - sleeve
23) **el botón** - button
24) **el chaleco** - vest
25) **las zapatillas** - sneakers
26) **el sostén / el sujetador** - bra (L.Am/Spa)
27) **el brassier** - bra (Col, Mex)
28) **los tacones altos** - high heels
29) **el pañuelo** - scarf
30) **la blusa** - blouse
31) **la bata de baño / el albornoz** - bathrobe (--/Spa)
32) **la pulsera** - bracelet
33) **la cremallera** - zipper

34) la gorra - cap
35) el saco - coat
36) el arete / la pendiente - earring (L.Am/Spa)
37) la sandalia - sandal
38) la capucha - hood
39) la peluca - wig
40) los calzoncillos - underpants
41) la bufanda - scarf
42) el suéter - sweater
43) el camisón - nightdress
44) el disfraz - fancy dress
45) el cuello - collar
46) el delantal - apron
47) los shorts - shorts
48) el gorro - knit cap
49) la sudadera - sweatshirt
50) el sobretodo - overcoat
51) el cordón / la agujeta - shoelace (--/Mex)
52) la boina - beret
53) la ropa interior - underwear
54) el impermeable - raincoat
55) el traje de baño - swimsuit
56) las pantuflas - slippers
57) las chanclas - flip flops
58) el overol / el peto - overalls (L.Am/Spa)
59) los tirantes - suspenders
60) la hebilla - buckle
61) los pantis - pantyhose

Food (la comida)

1) el agua (f) - water
2) el café - coffee
3) la cena - dinner
4) la copa (de vino) - glass (of wine)

5) la carne - meat
6) la botella - bottle
7) la cerveza - beer
8) el plato - plate, dish
9) el vaso (de agua) - glass (of water)
10) el trago - drink
11) el huevo - egg
12) el té - tea
13) la taza - cup
14) el pastel - cake, pie
15) la tarta - pie; cake (Spa)
16) el cuchillo - knife
17) la bebida - drink, beverage
18) la leche - milk
19) el desayuno - breakfast
20) el helado - ice cream
21) el pan - bread
22) el pollo - chicken
23) el alcohol - alcohol
24) el chocolate - chocolate
25) el queso - cheese
26) la miel - honey
27) el almuerzo - lunch
28) la galleta - cookie, cracker
29) la papa / la patata - potato (L.Am/Spa)
30) el postre - dessert
31) la bandeja - tray
32) la receta - recipe
33) la pasta - pasta
34) el pescado - fish
35) el azúcar - sugar
36) la lata - can
37) el champán - champagne
38) la salsa - sauce
39) el caramelo - candy, caramel
40) el aceite (de oliva) - (olive) oil

41) **la ensalada** - salad
42) **la mantequilla** - butter
43) **el horno** - oven
44) **la sopa** - soup
45) **la sal** - salt
46) **el alimento** - food
47) **el jugo / el zumo** - juice (L.Am/Spa)
48) **el pavo** - turkey
49) **el tenedor** - fork
50) **el sándwich / el bocadillo** - sandwich (--/Spa)
51) **la grasa** - fat
52) **la hamburguesa** - hamburger
53) **la salchicha** - sausage
54) **el arroz** - rice
55) **la cuchara** - spoon
56) **la tortilla** - omelet
57) **el maíz** - corn
58) **el refresco** - soft drink
59) **la tapa** - lid
60) **el chicle** - chewing gum
61) **el frijol / la judía** - bean (L.Am/Spa)
62) **el bizcocho** - sponge cake, biscuit
63) **las palomitas** - popcorn
64) **la crema agria** - sour cream
65) **la jarra** - pitcher
66) **el asado** - roast
67) **la cafetera** - coffee pot
68) **el filete** - steak, filet
69) **el jamón** - ham
70) **la nuez** - nut
71) **la tostada** - toast
72) **el microondas** - microwave
73) **el aperitivo** - appetizer
74) **el hongo / la seta** - mushroom (L.Am/Spa)
75) **el cereal** - cereal
76) **la olla** - pot

77) la barbacoa - barbecue
78) la gelatina - jelly
79) el cóctel - cocktail
80) la vainilla - vanilla
81) la pimienta - pepper
82) la masa - dough
83) la estufa - stove
84) el cuenco - bowl
85) la tortita - pancake
86) el ajo - garlic
87) la langosta - lobster
88) el maní / el cacahuete - peanut (L.Am/Spa)
89) la harina - flour
90) la mermelada - jam
91) el yogur - yogurt
92) la canela - cinnamon
93) el salmón - salmon
94) la limonada - lemonade
95) la almendra - almond
96) la etiqueta - label
97) el atún - tuna
98) la sartén - frying pan
99) el camarón - shrimp
100) el trigo - wheat
101) el tazón - bowl
102) la ostra - oyster
103) la arveja / el guisante - pea (L.Am/Spa)
104) el caldo - broth
105) el bollo - bun
106) el pudín - pudding
107) el panecillo - bread roll
108) la avena - oat
109) los espaguetis - spaghetti
110) la rebanada - slice
111) la tetera - teapot, kettle
112) el bol - bowl

113) la rosquilla - donut
114) el bistec - steak
115) el estofado - stew
116) los abarrotes / los comestibles - groceries (Mex, Col/Spa)
117) los palillos - chopsticks
118) los cubiertos - silverware
119) la soya / la soja - soybean (L.Am/Spa)
120) las papas fritas - French fries
121) las gachas - porridge
122) el caviar - caviar
123) el perrito caliente - hot dog
124) el cubito de hielo - ice cube
125) el panqueque - pancake
126) el platillo - saucer
127) el lomo - loin
128) la paleta / la piruleta - lollipop (L.Am/Spa)
129) la menta - mint
130) el malvavisco - marshmallow
131) las golosinas - candies
132) la pajita - straw
133) la yema/clara - yolk/white
134) el emparedado - sandwich
135) la mayonesa - mayonnaise
136) el bacalao - cod
137) la ternera - veal
138) las chuletas - chops
139) la mostaza - mustard
140) los productos lácteos - dairy products
141) los mariscos - seafood
142) el waffle / el gofre - waffle (L.Am/Spa)
143) el jengibre - ginger
144) el vinagre - vinegar
145) el vino espumoso - sparkling wine
146) la merienda - afternoon snack
147) la salsa de tomate - ketchup
148) el ketchup - ketchup

149) la cacerola - pan
150) el embutido - sausage
151) la avellana - hazelnut
152) el condimento - seasoning
153) la albóndiga - meatball
154) el tentempié - snack
155) el espárrago - asparagus
156) el centeno - rye
157) el arenque - herring
158) la caballa - mackerel
159) el cucurucho - cone
160) la trufa - truffle
161) las semillas de girasol - sunflower seeds
162) el pistacho - pistachio
163) la nuez moscada - nutmeg
164) las aves de corral - poultry
165) el refrigerio - refreshments
166) la licuadora - blender
167) el batidor - whisk
168) la torrija - French toast
169) el perejil - parsley
170) el tomillo - thyme
171) el romero - rosemary
172) el sésamo - sesame
173) la albahaca - basil
174) el clavo de olor - clove
175) la nuez de Brasil - Brazil nut
176) el salvado - bran

Fruits and vegetables (las frutas y verduras)

1) la manzana - apple
2) la naranja - orange

3) **el tomate** - tomato
4) **el limón** - lemon
5) **la uva** - grape
6) **el coco** - coconut
7) **la fresa** - strawberry
8) **la cebolla** - onion
9) **la zanahoria** - carrot
10) **el pepino** - cucumber
11) **la cereza** - cherry
12) **la pera** - pear
13) **el plátano / la banana** - banana (--/S.Am)
14) **la piña** - pineapple
15) **el melón** - melon
16) **la ciruela** - plum
17) **el pimiento** - sweet pepper
18) **la calabaza** - pumpkin
19) **el durazno / el melocotón** - peach (L.Am/Spa)
20) **la aceituna** - olive
21) **el mango** - mango
22) **la sandía** - watermelon
23) **el pepinillo** - pickle
24) **la lechuga** - lettuce
25) **la frambuesa** - raspberry
26) **el arándano** - blueberry
27) **el rábano** - radish
28) **el brócoli** - broccoli
29) **la mandarina** - tangerine
30) **el aguacate / la palta** - avocado (--/S.Am)
31) **la pasa** - raisin
32) **el repollo** - cabbage
33) **la toronja / el pomelo** - grapefruit (L.Am/Spa)
34) **el albaricoque / el damasco** - apricot (--/S.Am)
35) **la papaya** - papaya
36) **la mora** - blackberry
37) **el apio** - celery
38) **el calabacín / la calabacita** - zucchini (--/Mex)

39) el kiwi - kiwifruit
40) la berenjena - eggplant
41) las espinacas - spinach
42) la granada - pomegranate
43) el maracuyá - passion fruit
44) el higo - fig
45) la mandioca - cassava, manioc
46) el anacardo / la castaña de cajú - cashew (--/L.Am)
47) el nabo - turnip
48) la remolacha - beet
49) la alcachofa - artichoke
50) el dátil - date
51) la coliflor - cauliflower

Home (la casa)

1) la puerta - door
2) la habitación - room
3) la cama - bed
4) la mesa - table
5) la oficina - office
6) el baño - bath, bathroom
7) el cuarto - room
8) la pared - wall
9) la ventana - window
10) la cocina - kitchen
11) la sala (de estar) - (living) room
12) la silla - chair
13) la escalera - stairs, ladder
14) el pasillo - corridor
15) el apartamento / el piso - apartment (L.Am/Spa)
16) el sofá - couch, sofa
17) el despacho - office
18) el techo - ceiling; roof (L.Am)
19) el tejado - roof (Spa)

20) **el espejo** - mirror
21) **el armario** - closet, wardrobe
22) **la ducha** - shower
23) **el sótano** - basement
24) **el dormitorio** - bedroom
25) **el patio** - courtyard
26) **el escritorio** - writing desk
27) **el rincón** - corner
28) **la piscina** - swimming pool
29) **el cajón** - drawer
30) **los muebles** - furniture
31) **la sábana** - bed sheet
32) **la cortina** - curtain
33) **la alfombra** - carpet
34) **el garaje** - garage
35) **el sillón** - armchair
36) **la lámpara** - lamp
37) **la bañera** - bathtub
38) **la almohada** - pillow
39) **la cerradura** - lock
40) **la cobija / la manta** - blanket (L.Am/Spa)
41) **el comedor** - dining room
42) **el timbre** - doorbell
43) **el corredor** - corridor
44) **el cuadro** - painting
45) **el lavabo** - sink, washbasin
46) **la chimenea** - fireplace, chimney
47) **la estantería** - bookcase, shelf
48) **el colchón** - mattress
49) **el ático** - attic
50) **la nevera** - fridge
51) **la terraza** - terrace
52) **el televisor** - TV
53) **el estante** - shelf
54) **el interruptor** - switch
55) **el balcón** - balcony

56) el buzón - mailbox
57) el refrigerador / el frigorífico - fridge (--/Spa)
58) la verja - gate
59) los bienes raíces - real estate
60) el taburete - stool
61) la llave / el grifo - faucet (L.Am/Spa)
62) la mesilla de noche - bedside table
63) el lecho - bed
64) el fregadero - kitchen sink
65) el aire acondicionado - air conditioning
66) la planta baja - ground floor
67) las persianas - window blinds
68) el departamento - apartment (Mex, Arg)
69) el tocador - dressing table
70) la colcha - bedspread
71) la lavadora - washing machine
72) la caja fuerte - safe
73) el inodoro - toilet
74) el portón - gate
75) el ventilador de techo - ceiling fan
76) la barandilla - railing
77) la viga - beam
78) el jarrón - vase
79) el mantel - tablecloth
80) el patio trasero - backyard
81) el retrete - toilet
82) el váter - toilet
83) la despensa - pantry
84) el diván - couch
85) el cojín - cushion
86) el congelador - freezer
87) los azulejos - tiles
88) el vestidor - dressing room
89) las tejas - roof tiles
90) la baldosa - floor tile
91) el papel pintado - wallpaper

92) la tumbona - deck chair
93) el picaporte - door handle
94) el enchufe / el tomacorriente - socket (--/L.Am)
95) el alféizar - windowsill
96) la cabecera - headboard
97) la litera - bunk bed
98) el guardarropa - wardrobe
99) el cubrecama - bedspread
100) el aparador - sideboard
101) el felpudo - doormat
102) el marco de la puerta - door frame
103) el pasamanos - handrail
104) el rodapié - baseboard

Items (los artículos)

1) el libro - book
2) el teléfono - phone
3) el arma (f) - weapon
4) la caja - box
5) la llave - key
6) la cámara - camera
7) la tarjeta de crédito - credit card
8) la bolsa / el bolso - bag, purse (--/Spa)
9) la pistola - gun
10) el reloj - clock, watch
11) el celular / el móvil - cell phone (L.Am/Spa)
12) la computadora / el ordenador - computer (L.Am/Spa)
13) el anillo - ring
14) la cinta - tape, ribbon
15) el periódico - newspaper
16) la bola - ball
17) la revista - magazine
18) la espada - sword
19) la bala - bullet

20) **la vela** - candle
21) **la cadena** - chain
22) **la maleta** - suitcase
23) **la pelota / el balón** - ball (L.Am/Spa)
24) **la cuerda** - rope
25) **la linterna** - flashlight
26) **el cigarrillo** - cigarette
27) **la pastilla** - pill
28) **la máscara** - mask
29) **la muñeca** - doll
30) **el boleto / el billete** - ticket (L.Am/Spa)
31) **la toalla** - towel
32) **la billetera / la cartera** - wallet (L.Am/Spa)
33) **la herramienta** - tool
34) **el juguete** - toy
35) **la mochila** - backpack
36) **el palo** - stick
37) **el hilo** - thread
38) **la pluma** - pen, feather
39) **la aguja** - needle
40) **la batería** - drums, battery
41) **el martillo** - hammer
42) **la moneda** - coin
43) **el casco** - helmet
44) **el saco** - bag, sack
45) **el lápiz** - pencil
46) **el maletín** - briefcase
47) **la jaula** - cage
48) **el portátil** - laptop
49) **la tienda / la carpa** - tent (--/L.Am)
50) **el arco** - bow
51) **el sobre** - envelope
52) **la campana** - bell
53) **los auriculares** - headphones
54) **el dispositivo** - device
55) **el equipaje** - luggage

56) **el balde / el cubo** - bucket (L.Am/Spa)
57) **el piano** - piano
58) **el látigo** - whip
59) **la escopeta** - shotgun
60) **la píldora** - pill
61) **la bandera** - flag
62) **el globo** - balloon
63) **la guitarra** - guitar
64) **las esposas** - handcuffs
65) **la carpeta** - folder
66) **la servilleta** - napkin
67) **el bolígrafo** - pen
68) **la tabla** - board
69) **el cigarro** - cigar
70) **el hacha (f)** - ax
71) **el frasco** - bottle, jar
72) **el jabón** - soap
73) **el trofeo** - trophy
74) **el cepillo de dientes** - toothbrush
75) **el calendario** - calendar
76) **el lápiz labial** - lipstick
77) **el bastón** - walking stick
78) **el pañal** - diaper
79) **el folleto** - leaflet
80) **la cesta** - basket
81) **el cuaderno** - notebook
82) **el paño** - cloth
83) **el carrito de compras** - shopping cart
84) **el pasaporte** - passport
85) **el trapo** - cloth, rag
86) **los explosivos** - explosives
87) **la cuna** - cradle
88) **la pala** - shovel
89) **la lanza** - spear
90) **el recibo** - receipt
91) **la medalla** - medal

92) la bombilla - light bulb
93) la libreta - notebook
94) la escoba - broom
95) el rifle - rifle
96) las tijeras - scissors
97) el clavo - nail
98) la sierra - saw
99) el teclado - keyboard
100) el candado - padlock
101) el baúl - chest, trunk
102) el paraguas - umbrella
103) la leña - firewood
104) el barril - barrel
105) la antorcha - torch
106) el pañuelo - handkerchief
107) la esponja - sponge
108) el cañón - cannon
109) el collar para perro - dog collar
110) los fuegos artificiales - fireworks
111) el pegamento - glue
112) la tabla de surf - surfboard
113) el despertador - alarm clock
114) el tambor - drum
115) el violín - violin
116) el fósforo / la cerilla - match (S.Am/Spa)
117) el cerillo - match (Mex)
118) el brújula - compass
119) la jeringa - syringe
120) el osito de peluche - teddy bear
121) el cochecito / la carriola - stroller (--/Mex)
122) el vendaje - bandage
123) la manguera - hose
124) el alambre - wire
125) el cargador - charger
126) la estaca - stake
127) los prismáticos - binoculars

128) la correa - strap, leash
129) el altavoz - loudspeaker
130) el tornillo - screw
131) la fusta - riding crop, whip
132) la cinta de correr - treadmill
133) el fusil - rifle
134) el control remoto - remote control
135) la varita mágica - magic wand
136) la pila - battery
137) el bisturí - scalpel
138) el paracaídas - parachute
139) el silbato - whistle
140) el peine - comb
141) el champú - shampoo
142) el papel higiénico - toilet paper
143) la jeringuilla - syringe
144) la percha - hanger
145) la licencia de conducir - driver's license
146) la goma - eraser
147) la pipa - tobacco pipe
148) la daga - dagger
149) el cenicero - ashtray
150) la plancha - clothes iron
151) el encendedor / el mechero - lighter (L.Am/Spa)
152) la navaja - pocket knife
153) la pegatina - sticker
154) la aspiradora - vacuum cleaner
155) el protector solar - sunscreen
156) la impresora - printer
157) la pasta de dientes - toothpaste
158) el hilo dental - dental floss
159) la baraja - deck of cards
160) el palillo - toothpick
161) el rotulador - marker
162) la cometa / el papalote - kite (--/Mex)
163) la silla de ruedas - wheelchair

164) el imán - magnet
165) el mouse / el ratón - mouse (L.Am/Spa)
166) el contestador - answering machine
167) los dados - dice
168) el portafolio - briefcase
169) la maquinilla de afeitar - shaver
170) la silla de montar - saddle
171) el puñal - dagger
172) la balanza - scales
173) el trineo - sled, sleigh
174) la muleta - crutch
175) la caña de pescar - fishing rod
176) el bate de béisbol - baseball bat
177) el escalpelo - scalpel
178) el pincel - paintbrush
179) la horquilla - hairpin
180) el distintivo - badge
181) el esmalte de uñas - nail polish
182) los tapones para los oídos - earplugs
183) la crema hidratante - moisturizer
184) la espuma de afeitar - shaving foam
185) el secador de pelo - hair dryer
186) el remo - oar
187) la tiza - chalk
188) el ungüento - ointment
189) la pomada - ointment
190) el llavero - key chain
191) la flauta - flute
192) la ballesta - crossbow
193) la ametralladora - machine gun
194) la motosierra - chainsaw
195) el extinguidor / el extintor - fire extinguisher (L.Am/Spa)
196) la regla - ruler
197) la calculadora - calculator
198) las historietas - comics
199) la patineta / el monopatín - skateboard (L.Am/Spa)

200) los patines - roller skates
201) los alicates - pliers
202) las pinzas - tweezers
203) la llave inglesa - wrench
204) el destornillador - screwdriver
205) el trípode - tripod
206) el sujetapapeles - paper clip
207) el cortaúñas - nail clippers
208) la lima de uñas - nail file
209) la cortadora de césped - lawn mower
210) la máquina de coser - sewing machine
211) el repelente de insectos - bug spray
212) el pico - pickaxe
213) el arpa (f) - harp
214) la guadaña - scythe
215) el rastrillo - rake
216) la lupa - magnifying glass
217) el petardo - firecracker
218) la sombrilla - beach umbrella, parasol
219) el chupete - pacifier
220) la riñonera - fanny pack
221) las mancuernas - dumbbells
222) el aro - hula hoop
223) el sacapuntas - pencil sharpener

Materials (los materiales)

1) el papel - paper
2) la madera - wood
3) el oro - gold
4) el vidrio / el cristal - glass (--/Spa)
5) el diamante - diamond
6) la tela - fabric
7) el metal - metal
8) el cuero - leather

9) el acero - steel
10) la plata - silver
11) la seda - silk
12) el hierro - iron
13) el plástico - plastic
14) el algodón - cotton
15) el cemento - cement
16) la lana - wool
17) el cartón - cardboard
18) el aluminio - aluminum
19) la perla - pearl
20) el cobre - copper
21) la goma - rubber
22) el bronce - bronze
23) el plomo - lead
24) el terciopelo - velvet
25) el concreto / el hormigón - concrete (L.Am/Spa)
26) el yeso - plaster
27) el mármol - marble
28) la porcelana - porcelain
29) la arcilla - clay
30) el lino - linen
31) el platino - platinum
32) el latón - brass

City (la ciudad)

1) la calle - street
2) el escuela - school
3) el edificio - building
4) la tienda - store
5) el hospital - hospital
6) el bar - bar
7) el hotel - hotel
8) el club - club

9) el restaurante - restaurant
10) el banco - bank, bench
11) el colegio - school
12) la iglesia - church
13) la esquina - street corner
14) el puente - bridge
15) el parque - park
16) la estación - station
17) el muro - wall
18) el ascensor / el elevador - elevator (--/Mex)
19) el barrio - neighborhood
20) el aeropuerto - airport
21) el cine - movie theater
22) la torre - tower
23) la placa de calle - street sign
24) el túnel - tunnel
25) el vestíbulo - lobby
26) el puerto - port
27) la plaza - square
28) el teatro - theater
29) la biblioteca - library
30) el mercado - marketplace
31) el estacionamiento / el aparcamiento - parking lot (L.Am/Spa)
32) el parqueadero - parking lot (Col)
33) la comisaría - police station
34) el museo - museum
35) la estatua - statue
36) el callejón - alley
37) el gimnasio - gym
38) la librería - bookstore
39) el supermercado - supermarket
40) el metro / el subte - subway (--/Arg)
41) el mostrador - counter
42) la acera - sidewalk
43) el palacio - palace
44) el centro comercial - mall

45) la feria - fair
46) la avenida - avenue
47) el charco - puddle
48) la embajada - embassy
49) el ayuntamiento - city hall
50) el estadio - stadium
51) la farmacia - pharmacy
52) la gasolinera - gas station
53) la discoteca - nightclub
54) el cajero automatico - ATM
55) la farola - street lamp
56) el asfalto - asphalt
57) el cubo/bote de basura - trash can (--/L.Am)
58) la posada - inn
59) la catedral - cathedral
60) la cuadra / la manzana - city block (L.Am/Spa)
61) la vitrina / el escaparate - shop window (L.Am/Spa)
62) el puesto de periódicos - newsstand
63) el cruce peatonal / el paso de peatones - crosswalk (L.Am/Spa)
64) la parada de autobús - bus stop
65) el salón de belleza - beauty parlor
66) la panadería - bakery
67) la taquilla / la boletería - ticket office (--/L.Am)
68) el letrero - signboard
69) el semáforo - traffic light
70) el jardín de infancia - kindergarten
71) el puente peatonal - footbridge
72) el quiosco - kiosk
73) la fuente - fountain
74) la grúa - crane
75) el rascacielos - skyscraper
76) el malecón / el paseo marítimo - promenade (L.Am/Spa)
77) el zoológico - zoo
78) la ciclovía / el carril bici - bicycle path (L.Am/Spa)
79) el albergue - hostel

80) la papelería - stationary store
81) la carnicería - butcher shop
82) el probador - fitting room
83) el bordillo - curb
84) la tapa de alcantarilla - manhole cover

Transportation (el transporte)

1) el coche - car (Spa, Mex)
2) el carro / el auto - car (L.Am/Arg)
3) el barco - ship, boat
4) el avión - plane
5) el tren - train
6) el camión - truck; bus (Mex)
7) el vehículo - vehicle
8) el autobús - bus
9) la camioneta - pickup truck
10) la bicicleta - bicycle
11) el helicóptero - helicopter
12) la furgoneta - van
13) la moto - motorcycle
14) el bote - boat
15) la nave espacial - spaceship
16) el volante - steering wheel
17) el freno - brake
18) el automóvil - car
19) el maletero - trunk
20) las llantas / los neumáticos - tires (L.Am/Spa)
21) los faros - headlights
22) el yate - yacht
23) la bici - bike
24) la lancha - motorboat
25) el buque - ship

26) el parabrisas - windshield
27) el tablero / el salpicadero - dashboard (--/Spa)
28) el retrovisor - rear-view mirror
29) el cinturón de seguridad - seat belt
30) el transbordador - ferry
31) el tranvía - streetcar, tram
32) el parachoques - bumper
33) la guantera - glove box
34) el capó - hood
35) el rin / la llanta - rim (L.Am/Spa)
36) la rueda de aleación - alloy wheel
37) la rueda de repuesto - spare tire
38) el velocímetro - speedometer
39) el patinete - scooter
40) el techo solar - sunroof
41) el apoyabrazos - armrest

Nature (la naturaleza)

1) la tierra - land, earth
2) el cielo - sky
3) el sol - sun
4) el mar - sea
5) el árbol - tree
6) la piedra - stone
7) la estrella - star
8) la isla - island
9) la flor - flower
10) el verano - summer
11) el bosque - forest, woods
12) la luna - moon
13) la playa - beach
14) el hielo - ice
15) la hoja - leaf
16) el viento - wind

17) el río - river
18) el rayo - lightning
19) la montaña - mountain
20) la nieve - snow
21) la tormenta - storm
22) la lluvia - rain
23) la arena - sand
24) la niebla - fog
25) la nube - cloud
26) la roca - rock
27) el suelo - soil
28) la costa - coast
29) la planta - plant
30) la ola - wave
31) la rosa - rose
32) el invierno - winter
33) el planeta - planet
34) la colina - hill
35) el lago - lake
36) la orilla - shore
37) la raíz - root
38) la rama - branch
39) la primavera - spring
40) el océano - ocean
41) la cueva - cave
42) el desierto - desert
43) el césped - grass
44) el otoño - autumn, fall
45) el terremoto - earthquake
46) el tronco - trunk
47) el paisaje - landscape
48) el monte - mountain
49) el barro - mud
50) la brisa - breeze
51) el arbusto - bush, shrub
52) el nido - nest

53) **la marea** - tide
54) **el prado** - meadow
55) **la jungla** - jungle
56) **la bahía** - bay
57) **la selva** - jungle
58) **el valle** - valley
59) **el acantilado** - cliff
60) **el roble** - oak
61) **la luz de la luna** - moonlight
62) **la cascada** - waterfall
63) **el trueno** - thunder
64) **el relámpago** - lightning
65) **el arco iris** - rainbow
66) **el pantano** - swamp
67) **la colmena** - beehive
68) **el pino** - pine tree
69) **el crepúsculo** - twilight
70) **la concha de mar** - seashell
71) **el huracán** - hurricane
72) **la orquídea** - orchid
73) **la palmera** - palm tree
74) **el arroyo** - brook
75) **el volcán** - volcano
76) **el musgo** - moss
77) **la grava** - gravel
78) **la neblina** - mist
79) **la inundación** - flood
80) **la caverna** - cavern
81) **el lodo** - mud
82) **la sequía** - drought
83) **la arboleda** - grove
84) **la puesta de sol** - sunset
85) **la salida del sol** - sunrise
86) **el follaje** - foliage
87) **el bambú** - bamboo
88) **el tulipán** - tulip

89) **la corteza de árbol** - tree bark
90) **el brote** - bud
91) **la caña de azúcar** - sugar cane
92) **el calentamiento global** - global warming
93) **el deslizamiento de tierra** - landslide
94) **la tormenta eléctrica** - thunderstorm
95) **la ventisca** - snowstorm
96) **el litoral** - coast
97) **el matorral** - shrubland
98) **el abeto** - fir tree
99) **el sauce** - willow tree
100) **el abedul** - birch
101) **la Vía Láctea** - Milky Way
102) **el glaciar** - glacier

Animals (los animales)

1) **el perro** - dog
2) **el caballo** - horse
3) **el gato** - cat
4) **el mono** - monkey
5) **el pájaro** - bird
6) **el oso** - bear
7) **el cerdo** - pig
8) **la rata** - rat
9) **el pez** - fish
10) **el lobo** - wolf
11) **el conejo** - rabbit
12) **la serpiente** - snake
13) **la abeja** - bee
14) **el león** - lion
15) **la gallina** - hen
16) **la vaca** - cow
17) **la mosca** - fly
18) **la araña** - spider

19) **la paloma** - pigeon
20) **el ave (f)** - bird
21) **el pato** - duck
22) **el toro** - bull
23) **el gusano** - worm
24) **el águila (f)** - eagle
25) **el ratón** - mouse
26) **el cordero** - lamb
27) **la cabra** - goat
28) **la mariposa** - butterfly
29) **el tiburón** - shark
30) **el cachorro** - puppy
31) **la mascota** - pet
32) **el pingüino** - penguin
33) **la oveja** - sheep
34) **el gallo** - rooster
35) **la ardilla** - squirrel
36) **la tortuga** - turtle
37) **el cuervo** - crow, raven
38) **el ganso** - goose
39) **el unicornio** - unicorn
40) **la ballena** - whale
41) **la hormiga** - ant
42) **el burro** - donkey
43) **el cisne** - swan
44) **el murciélago** - bat
45) **el ganado** - cattle
46) **la cucaracha** - cockroach
47) **el halcón** - hawk
48) **el cangrejo** - crab
49) **la rana** - frog
50) **el buey** - ox
51) **el caimán** - alligator
52) **el delfín** - dolphin
53) **el búho** - owl
54) **el ciervo** - deer

55) el mosquito - mosquito
56) el cocodrilo - crocodile
57) el zorro - fox
58) el castor - beaver
59) la yegua - mare
60) el camello - camel
61) el sapo - toad
62) el loro - parrot
63) el pavo real - peacock
64) la gaviota - seagull
65) el rinoceronte - rhino
66) el caracol - snail
67) el hámster - hamster
68) el avestruz - ostrich
69) el jabalí - boar
70) la codorniz - quail
71) el saltamontes - grasshopper
72) la lombriz - earthworm
73) el roedor - rodent
74) el lagarto - lizard
75) el alce - moose, elk
76) el hurón - ferret
77) la mariquita - ladybug
78) el canguro - kangaroo
79) el tejón - badger
80) el pulpo - octopus
81) la anguila - eel
82) el gorrión - sparrow
83) el papagayo - parrot
84) el mamífero - mammal
85) el hipopótamo - hippo
86) el mapache - raccoon
87) la garza - heron
88) la sanguijuela - leech
89) la zarigüeya - opossum
90) la nutria - otter

91) el topo - mole

92) el colibrí - hummingbird

93) la aguamala - jellyfish

94) el erizo - hedgehog

95) el pájaro carpintero - woodpecker

www.ingramcontent.com/pod-product-compliance
Lightning Source LLC
Chambersburg PA
CBHW070751240726

48654CB00007B/31